https://group.ntt

NTTグループは、ICTを活
持続可能な社会の実現に貢

JN065847

NTT × SD

すべての人に、
新しい未来を。
ICTが支えていく。

USTAINABLE
EVELOPMENT G⬤ALS
世界を変えるための17の目標

一般社団法人　日本クラウド産業協会（ASPIC）
（クラウドサービス情報開示認定機関）会長　河合　輝欣
1999 年設立、24 年、会員数 800

URL　https://www.aspicjapan.org　　E-mail　office@aspicjapan.org

〒141-0031 東京都品川区西五反田 7-3-1 たつみビル　TEL 03-6662-6591　　FAX 03-6662-6347

1．「クラウドサービスの安全性・信頼性に係る情報開示認定制度」の運営

情報開示認定制度はクラウドサービス事業者が安全・信頼性にかかる情報を適切に開示しているサービスを認定する制度で、ASPIC が認定機関として運営しています。

認定されたサービスは認定サイトに公表され、これによりクラウド利用者はサービスの比較、評価、選定が可能となります。

SaaS 利用者が情報開示認定制度をサービス選定の参考（44%）にしています

2008 年より運営を開始し、累計３１７のクラウドサービスが認定を取得しています。

URL : https://www.aspicjapan.org/nintei

※ クラウドサービス（SaaS）のサプライチェーンリスクマネジメント実態調査,IPA,2023

以下 8 つの制度を総称して、情報開示認定制度といいます。

2．クラウドサービス紹介サイト「アスピック」の運営

クラウドサービス紹介サイト「アスピック」は、クラウドサービス事業者が自社サービスの特徴、優れた機能の情報を掲載します。これにより、クラウド利用者はサービスの比較、評価、選択が可能となります。　2019 年 4 月より運用を開始し、８００サービスを掲載しています。

詳細は、
URL : https://www.aspicjapan.org/asu

3．クラウドアワードにより優良なサービスを表彰

クラウドサービスの認知度向上のため、優秀なクラウドサービスを表彰して、クラウド事業者の認知度向上等事業推進に貢献しています。
2006 年から、毎年開催し、今年で 17 回目となります。
最優秀サービスには「総務大臣賞」が授与されます。

4．会員企業のビジネス支援活動

(1) ICT 政策、AI、セキュリティ、新技術等 13 分野のクラウド研究会を開催（年間 20 回開催）どこでも参加できるようにオンラインセミナーで開催しています。

(2) 会員企業にクラウドトピックス、ASPIC レポート、官公庁等調達情報等の情報を年間 100 回以上、提供のほか、会員情報交換会、会員紹介・仲介も行っています。

5．春の叙勲綬章

総務省様のご推薦により、我が国の電気通信事業功労等で会長の河合輝欣が「旭日小綬章」を受章しました。皆様方のご指導、ご支援に、心より感謝いたします。

ARIB

電波利用の調査・研究・開発・相談・情報提供、電波利用システムの標準規格の策定等の事業を行っております。

一般社団法人 **電 波 産 業 会**

会 長 津 賀 一 宏
副会長 川 島 徳 之
副会長 関 和 智 弘

〒100-0013　東京都千代田区霞が関 1-4-1　日土地ビル
TEL 03-5510-8590　FAX 03-3592-1103

<u>総務大臣指定試験機関・指定講習機関</u>

公益財団法人 **日本無線協会**
Japan Radio Institute

［業務内容］無線従事者の国家試験、主任講習、養成課程
認定講習課程、認定新規訓練

理 事 長 **河 内 正 孝**

〒104-0053　東京都中央区晴海3-3-3　江間忠ビル

TEL （０３）３５３３－５６８６
FAX （０３）３５３３－６８２４
URL https://www.nichimu.or.jp

2024年版

総務省名鑑

◎大臣官房
　◎統計局
　　◎資料

◎行政管理局
　◎政策統括官
　　◎人名索引

◎行政評価局
　◎サイバーセキュリティ統括官

◎自治行政局
　◎事務局等

◎自治財政局
　◎施設等機関・特別の機関

◎自治税務局
　◎地方管区行政評価局

◎国際戦略局
　◎地方総合通信局

◎情報流通行政局
　◎公害等調整委員会事務局

◎総合通信基盤局
　◎消防庁

時評社

官庁名鑑 WEB サービス　無料トライアルについての詳細は、目次最終ページ（IX）をご覧ください。

目　　次

自治行政局

自治財政局

自治税務局

V

施設等機関・特別の機関

地方管区行政評価局

地方総合通信局

公害等調整委員会事務局

消防庁

（※総務省の現状が一目でわかるデータ，グラフ満載）

●本　　　省

総務事務次官
Ministry of Internal Affairs and
Communications Vice-Minister

内 藤 尚 志（ないとう　ひさし）

昭和36年11月1日生．長野県出身．
ラ・サール高校，東京大学法学部

昭和59年4月	自治省入省（財政局交付税課 兼 大臣官房総務課）
昭和59年7月	宮城県地方課、財政課
昭和61年4月	自治省税務局固定資産税課、財政局公営企業第一課企画係長
平成元年7月	姫路市財務部長
平成3年7月	国土庁地方振興局総務課過疎対策室課長補佐
平成5年7月	高知県財政課長
平成7年4月	自治省税務局固定資産税課課長補佐
平成9年7月	自治省財政局財政課課長補佐
平成10年7月	自治省大臣官房総務課課長補佐（大臣秘書官事務取扱）
平成11年1月	自治省行政局公務員部公務員課課長補佐
平成11年7月	自治省税務局企画課理事官
平成12年4月	自治省大臣官房総務課理事官
平成12年7月	自治省大臣官房総務課理事官（大臣秘書官事務取扱）
平成13年1月	総務省大臣官房秘書課課長補佐
平成13年7月	さいたま市助役
平成17年7月	総務省大臣官房企画官（内閣官房内閣参事官（内閣官房副長官補付）併任）
平成18年4月	内閣官房内閣参事官（内閣官房副長官補付）
平成19年7月	総務省自治財政局交付税課長
平成21年7月	総務省自治税務局市町村税課長、都道府県税課長
平成23年5月	総務省自治財政局調整課長
平成25年6月	総務省自治財政局財政課長
平成27年7月	総務省大臣官房審議官（財政制度・財務担当）
平成28年6月	内閣官房内閣審議官（内閣官房副長官補付）
平成29年7月	総務省自治税務局長
令和元年7月	総務省自治財政局長
令和3年7月	総務省消防庁長官
令和4年6月	総務審議官（自治行政）
令和5年7月	総務事務次官

総務審議官（行政制度）
Vice-Minister for Policy Coordination

堀　江　宏　之（ほりえ　ひろゆき）
昭和37年12月生．鹿児島県出身．
私立鹿児島ラ・サール高校，東京大学法学部

昭和61年4月	総務庁入庁
平成11年10月	総務庁長官・行政改革担当大臣秘書官事務取扱
平成13年1月	内閣官房行政改革推進事務局公務員制度等改革推進室企画官
平成15年7月	外務省在ジュネーブ国際機関日本政府代表部参事官
平成18年7月	総務省人事・恩給局参事官（管理運用・交流担当・労働・国際・争訟担当）
平成19年7月	行政改革推進本部事務局参事官
平成20年7月	国家公務員制度改革推進本部事務局参事官
平成21年12月	総務省人事・恩給局人事政策課長
平成22年7月	総務省人事・恩給局総務課長
平成25年6月	総務省大臣官房参事官　併任　内閣官房内閣参事官（内閣官房副長官補付）命　内閣官房行政改革推進本部国家公務員制度改革事務局参事官（平成25年7月～）
平成26年7月	内閣府官民人材交流センター審議官　併任　内閣官房内閣審議官（内閣人事局）
平成28年6月	総務省大臣官房審議官（行政管理局担当）
平成29年1月	併任 財務省大臣官房審議官（大臣官房担当）
平成30年7月	総務省行政管理局長
令和元年7月	内閣官房内閣人事局人事政策統括官
令和4年6月	内閣官房内閣審議官（内閣官房副長官補付）命　内閣官房行政改革推進本部事務局長
令和5年7月	総務審議官（行政制度）

総務審議官（郵政・通信）
Vice-Minister for Policy Coordination

竹　内　芳　明（たけうち　よしあき）
昭和37年 3 月27日生．香川県出身．

昭和60年 4 月	郵政省入省
平成10年 6 月	郵政省東北電気通信監理局総務部長
平成11年 7 月	郵政省電気通信局電波部衛星移動通信課次世代航空通信システム開発室長
平成13年 7 月	総務省情報通信政策局宇宙通信調査室長
平成15年 8 月	総務省情報通信政策局研究推進室長
平成18年 7 月	総務省情報通信政策局宇宙通信政策課長
平成19年 7 月	総務省総合通信基盤局電気通信事業部電気通信技術システム課長
平成20年 7 月	総務省総合通信基盤局電波部移動通信課長
平成22年 7 月	総務省情報通信国際戦略局技術政策課長
平成23年 7 月	総務省総合通信基盤局電波部電波政策課長
平成26年 7 月	総務省東北総合通信局長
平成27年 7 月	経済産業省大臣官房審議官（ＩＴ戦略担当）
平成29年 7 月	総務省総合通信基盤局電波部長
平成30年 7 月	総務省サイバーセキュリティ統括官
令和 2 年 7 月	総務省総合通信基盤局長
令和 3 年 7 月	総務審議官（郵政・通信）

趣味　マラソン，夏山，ソフトボール，バドミントン

総務審議官（国際）
Vice-Minister for Policy Coordination

吉 田 博 史（よしだ　ひろし）
昭和38年11月 3 日生．東京都出身．

昭和62年 4 月	郵政省入省
平成19年 7 月	総務省情報通信政策局地上放送課長
平成20年 7 月	総務省情報流通行政局地上放送課長
平成24年 8 月	総務省総合通信基盤局電気通信事業部事業政策課長
平成27年 7 月	総務省大臣官房参事官（秘書課担当）
平成28年 6 月	総務省情報通信国際戦略局参事官
平成29年 7 月	経済産業省大臣官房審議官（ＩＴ戦略担当）
令和元年 7 月	総務省大臣官房審議官（情報流通行政局担当）
令和 2 年 7 月	総務省大臣官房総括審議官（広報、政策企画（主））（併）電気通信紛争処理委員会事務局長
令和 3 年 2 月	総務省情報流通行政局長　併任　大臣官房総括審議官（広報、政策企画（主））（併）電気通信紛争処理委員会事務局長
令和 3 年 7 月	総務省情報流通行政局長
令和 4 年 6 月	総務審議官（国際）

総務省大臣官房長
Director-General Minister's Secretariat

竹 村 晃 一 (たけむら　こういち)

昭和40年7月11日生．兵庫県出身．
武蔵高等学校，東京大学経済学部

平成元年4月	郵政省入省（大臣官房企画課）
平成4年6月	米国留学（ミシガン大学大学院）
平成5年7月	郵政省通信政策局政策課係長
平成7年7月	仙台市役所
平成9年7月	郵政省通信政策局地域通信振興課課長補佐
平成11年7月	郵政省簡易保険局資金運用課課長補佐
平成13年1月	総務省郵政企画管理局保険経営計画課課長補佐
平成14年8月	総務省郵政企画管理局保険企画課課長補佐
平成16年4月	総務省総合通信基盤局電波部移動通信課ITS推進官
平成17年8月	総務省総合通信基盤局電波部電波政策課企画官
平成19年10月	金融庁監督局郵便貯金・保険監督参事官室企画官
平成20年7月	総務省情報通信国際戦略局情報通信政策課調査官
平成21年7月	内閣官房内閣参事官（IT担当室）
平成23年7月	総務省情報流通行政局情報通信作品振興課長
平成25年6月	総務省総合通信基盤局電気通信事業部料金サービス課長
平成28年6月	総務省総合通信基盤局電気通信事業部事業政策課長
平成30年7月	総務省総合通信基盤局総務課長
令和元年7月	総務省総合通信基盤局電気通信事業部長
令和2年7月	総務省大臣官房総括審議官（情報通信担当）
令和4年6月	総務省総合通信基盤局長
令和5年7月	総務省大臣官房長

総務省大臣官房総括審議官（地方ＤＸ推進、政策企画（副）担当）

海老原　　諭（えびはら　さとし）

昭和42年 5 月11日生. 鹿児島県出身.
東京大学法学部

平成 2 年 4 月	自治省入省
平成18年 7 月	青森県総務部長
平成21年 4 月	総務省自治行政局公務員部高齢対策室長
平成22年10月	内閣官房内閣参事官（内閣総務官室）併任 内閣府大臣官房参事官（総務課担当）併任 内閣府特命担当大臣（「新しい公共」担当）付
平成23年 9 月	消防庁消防・救急課救急企画室長
平成25年 6 月	復興庁参事官
平成27年 7 月	総務省自治行政局市町村課長
平成28年 6 月	総務省大臣官房参事官 併任 企画課政策室長
平成29年 8 月	総務省自治行政局市町村課長
平成30年 7 月	総務省大臣官房総務課長
令和元年 7 月	内閣府大臣官房審議官（経済社会システム担当）併任 内閣府本府休眠預金等活用担当室室長
令和 3 年 7 月	大阪府副知事
令和 5 年 7 月	総務省大臣官房総括審議官（地方ＤＸ推進、政策企画（副）担当）

総務省大臣官房総括審議官（情報通信担当）

湯 本 博 信（ゆもと　ひろのぶ）

昭和41年12月26日生．千葉県出身．
私立開成高校，東京大学経済学部

平成 2 年 4 月	郵政省入省
平成 9 年 5 月	郵政省通信政策局技術政策課課長補佐
平成12年 5 月	在中国日本国大使館一等書記官
平成15年 6 月	総務省総合通信基盤局電気通信事業部事業政策課統括補佐
平成17年 8 月	総務省総合通信基盤局電気通信事業部事業政策課調査官
平成19年 8 月	総務大臣秘書官事務取扱
平成20年 9 月	総務省情報通信国際戦略局情報通信政策課調査官
平成22年 7 月	総務省情報通信国際戦略局国際協力課長
平成25年 6 月	総務省情報流通行政局情報通信作品振興課長
平成27年 7 月	総務省総合通信基盤局電気通信事業部消費者行政課長
平成29年 7 月	総務省情報流通行政局放送政策課長
令和元年 7 月	総務省情報流通行政局総務課長
令和 2 年 7 月	総務省大臣官房審議官（情報流通行政局担当）
令和 3 年 7 月	総務省大臣官房サイバーセキュリティ・情報化審議官
令和 4 年 1 月	デジタル庁統括官付審議官（戦略・組織グループ特命担当次長）
令和 5 年 7 月	総務省大臣官房総括審議官（情報通信担当）

**総務省大臣官房政策立案総括審議官 併任 公文
書監理官**
Director-General for Evidence-based
Policymaking (, Chief Record Officer)

武 藤 真 郷 (むとう まさと)

昭和41年7月11日生. 熊本県出身.
熊本県立熊本高校, 東京大学法学部

平成3年4月	総理府入府
平成18年7月	総務省人事・恩給局企画官
平成20年8月	総務省行政評価局総務課企画官
平成20年9月	総務省行政管理局企画調整課企画官
平成21年8月	総務省行政管理局企画調整課行政手続・制度調査室長
平成22年2月	内閣府特命担当大臣(行政刷新)秘書官
平成23年6月	内閣総理大臣補佐官付
平成23年9月	内閣府特命担当大臣(行政刷新)秘書官
平成24年1月	総務省行政評価局評価監視官(独立行政法人第一)
平成24年9月	総務省行政管理局管理官(内閣・内閣府・総務・財務・金融等)
平成26年5月	内閣官房内閣参事官(内閣人事局)(内閣・内閣府・総務・財務・金融等)
平成26年7月	内閣官房内閣参事官(内閣総務官室)命 内閣官房皇室典範改正準備室参事官 併任 内閣官房内閣人事局(幹部人事一元管理総括)
平成28年6月	総務省行政評価局政策評価課長
平成29年1月	併任 行政評価局評価監視官(特命担当)
平成29年7月	内閣官房内閣参事官(内閣人事局)(行政組織総括)
平成30年7月	総務省行政管理局企画調整課長
令和元年7月	総務省大臣官房秘書課長
令和3年7月	総務省大臣官房審議官(行政評価局担当)
令和4年8月	総務省大臣官房政策立案総括審議官 併任 公文書監理官

**総務省大臣官房サイバーセキュリティ・情報化
審議官**
Deputy Director-General for Cybersecurity
and Information Technology Management

犬 童 周 作 (いんどう　しゅうさく)

昭和42年11月10日生.　熊本県出身.
熊本県立済々黌高校,　東京大学法学部

平成 4 年 4 月	郵政省入省
平成11年 7 月	郵政省電気通信局電気通信事業部データ通信課課長補佐
平成13年 1 月	総務省情報通信政策局放送政策課課長補佐
平成14年 8 月	総務省総合通信基盤局電波部電波政策課課長補佐
平成15年 5 月	在フランス日本国大使館一等書記官
平成18年 8 月	総務省郵政行政局総務課課長補佐（統括補佐）
平成19年10月	総務省大臣官房秘書課長補佐
平成20年 7 月	総務省情報流通行政局総務課調査官（郵政行政部）
平成21年 9 月	総務大臣秘書官事務取扱
平成22年 9 月	総務省総合通信基盤局電気通信事業部事業政策課市場評価企画官
平成24年 9 月	国土交通省道路局路政課道路利用調整室長
平成26年 7 月	総務省大臣官房付　併任　内閣官房内閣参事官（内閣官房副長官補付）命　内閣官房情報通信技術（ＩＴ）総合戦略室参事官
平成29年 7 月	総務省情報流通行政局情報流通振興課長
令和元年 7 月	総務省情報流通行政局郵政行政部郵便課長
令和 2 年 7 月	総務省情報流通行政局総務課長
令和 3 年 7 月	内閣官房内閣審議官（内閣官房副長官補付）命　内閣官房情報通信技術（ＩＴ）総合戦略室室長代理
令和 3 年 9 月	デジタル庁統括官付審議官（デジタル社会共通機能グループ次長）
令和 4 年 7 月	総務省大臣官房付　併任　デジタル庁統括官付審議官（国民向けサービスグループ次長）
令和 5 年 7 月	総務省大臣官房サイバーセキュリティ・情報化審議官

総務省大臣官房審議官（大臣官房調整部門、行政管理局担当）併任 行政不服審査会事務局長

河 合　　暁 (かわい　あきら)

昭和42年2月24日生．新潟県出身．
新潟県立新潟高校，東京大学法学部第I類学科

平成 2 年 4 月	総理府入府
平成 9 年 7 月	総務庁統計局統計基準部統計企画課課長補佐
平成11年 4 月	山梨県総務部私学文書課長
平成17年 8 月	総務省統計局統計調査部経済統計課調査官 併任 政策統括官付統計企画管理官付調査官
平成19年 7 月	総務省自治行政局合併推進課行政体制整備室長
平成20年 7 月	総務省統計審査官 併任 政策統括官付統計企画管理官付 併任 内閣府大臣官房統計委員会担当参事官
平成21年 7 月	総務省大臣官房付 併任 地方分権改革推進委員会事務局参事官 併任 内閣府本府地方分権改革推進室参事官
平成21年12月	総務省大臣官房付 併任 内閣府本府地域主権戦略室参事官
平成23年 7 月	総務省行政評価局評価監視官（特命担当）併任 年金記録確認中央第三者委員会事務室首席主任調査員
平成24年 8 月	総務省行政評価局評価監視官（農水、環境、防衛担当）併任 年金記録確認中央第三者委員会事務室首席主任調査員
平成25年 6 月	総務省公害等調整委員会事務局総務課長
平成27年 7 月	総務省大臣官房参事官 併任 大臣官房総務課管理室長
平成28年 6 月	総務省大臣官房政策評価広報課長
平成29年 7 月	総務省情報公開・個人情報保護審査会事務局総務課長
令和 2 年 7 月	日本下水道事業団監査室長
令和 3 年 8 月	総務省九州管区行政評価局長
令和 4 年 6 月	総務省大臣官房審議官（大臣官房調整部門、行政管理局担当）併任 行政不服審査会事務局長

総務省大臣官房秘書課長 命 人事管理官

中 井　　亨（なかい　とおる）

昭和44年 7 月18日生．京都府出身．
京都大学法学部

平成 5 年 4 月	総理府入府
平成22年 9 月	総務省大臣官房付 命 大臣秘書官事務取扱
平成23年 1 月	総務省人事・恩給局総務課企画官
平成25年 6 月	内閣官房行政改革推進本部事務局参事官
平成27年 7 月	総務省行政評価局企画課長 併任 内閣官房行政改革推進本部事務局参事官 （〜平成27年 9 月）
平成28年 6 月	総務省行政管理局管理官（厚生労働・文部科学・宮内等）併任 内閣官房内閣参事官（内閣人事局）
平成29年 7 月	内閣官房内閣参事官（内閣人事局）
平成30年 7 月	内閣官房内閣参事官（内閣総務官室）
令和 2 年 7 月	内閣官房内閣参事官（内閣人事局）
令和 4 年 6 月	総務省大臣官房秘書課長 命 人事管理官

総務省大臣官房参事官（秘書課担当）

風 早 正 毅（かざはや　まさたか）

昭和47年8月11日生．大阪府出身．
東京大学法学部

平成 7 年 4 月	自治省入省
平成17年 4 月	岡山市企画局長
平成18年 4 月	総務省自治税務局都道府県税課課長補佐
平成20年 7 月	京都府総務部財政課長
平成22年 8 月	総務省自治税務局企画課理事官
平成23年 5 月	総務省大臣官房秘書課課長補佐
平成25年 4 月	岩手県環境生活部長
平成27年 4 月	岩手県総務部長
平成29年 4 月	総務省自治行政局地域政策課国際室長
令和元年 4 月	内閣官房内閣参事官（内閣総務官室）
令和 3 年 8 月	総務省自治税務局固定資産税課長
令和 4 年 6 月	総務省大臣官房参事官（秘書課担当）

総務省大臣官房参事官（秘書課担当）

柴 山 佳 徳 （しばやま　よしのり）

昭和46年10月20日生．神奈川県出身．
京都大学経済学部

平成７年４月	郵政省入省
平成20年７月	総務省情報通信国際戦略局情報通信政策課課長補佐
平成21年４月	岐阜県総合企画部次長
平成24年７月	総務省大臣官房秘書課課長補佐
平成25年７月	総務省総合通信基盤局電気通信事業部事業政策課調査官
平成27年７月	総務省情報通信国際戦略局情報通信政策課調査官
平成28年６月	内閣官房内閣参事官（内閣広報室）併任 内閣官房副長官補付
令和元年７月	総務省国際戦略局国際協力課長
令和３年７月	総務省総合通信基盤局電気通信事業部データ通信課長
令和４年６月	総務省大臣官房参事官（秘書課担当）

総務省大臣官房総務課長

菊　地　健太郎 （きくち　けんたろう）

茨城県出身.
茨城県立水戸第一高，東京大学法学部

平成 7 年 4 月	自治省入省
平成19年 4 月	総務省自治行政局地域振興課過疎対策室課長補佐
平成20年 7 月	総務省自治行政局地域自立応援課過疎対策室課長補佐
平成21年 4 月	大阪府総務部財政課長
平成23年 4 月	総務省自治財政局公営企業課理事官
平成23年 8 月	内閣官房副長官秘書官
平成26年 7 月	茨城県総務部長
平成29年 4 月	茨城県副知事
平成30年 4 月	総務省大臣官房参事官 併任 自治財政局財政課復興特別交付税室長
平成30年 7 月	復興庁統括官付参事官
令和 2 年 7 月	総務省自治行政局選挙部政治資金課支出情報開示室長 併任 選挙課選挙制度調査室長 併任 政治資金課政党助成室長
令和 3 年 7 月	総務省大臣官房参事官 併任 企画課政策室長
令和 4 年 8 月	総務省自治財政局公営企業課長
令和 5 年 7 月	総務省大臣官房総務課長

総務省大臣官房参事官 併任 総務課公文書監理室長

栗　原　　淳（くりばら　あつし）

昭和46年 2 月 1 日生.
早稲田大学法学部,
早稲田大学大学院法学研究科（修士課程中退）

平成 8 年 4 月　総務庁入庁
平成15年 1 月　経済産業省商務情報政策局情報通信機器課課長補佐
平成16年 7 月　内閣官房行政改革推進事務局参事官補佐
平成18年 6 月　総務省行政評価局上席評価監視調査官
平成19年 4 月　内閣官房行政改革推進事務局参事官補佐
平成19年 7 月　総務省行政評価局年金記録確認中央第三者委員会事務室
　　　　　　　　上席調査員
平成21年 7 月　総務省行政管理局副管理官（宮内庁・経済産業省・環境
　　　　　　　　省担当）
平成22年 8 月　総務省行政管理局副管理官（農林水産省担当）
平成23年 1 月　総務大臣秘書官事務取扱
平成23年 7 月　総務省行政管理局行政情報システム企画課課長補佐
平成23年12月　内閣府地域主権戦略室参事官補佐
平成24年 8 月　総務省大臣官房秘書課課長補佐 併任 大臣官房秘書課人
　　　　　　　　事専門官
平成25年 6 月　併任 行政管理局調査官
平成26年 1 月　特定個人情報保護委員会事務局総務課企画官
平成28年 7 月　総務省行政管理局企画官 併任 個人情報保護委員会事務
　　　　　　　　局総務課企画官
平成29年 7 月　総務省行政管理局管理官（独法評価総括）
平成31年 1 月　総務省行政管理局管理官（厚生労働・文部科学・宮内等）
　　　　　　　　併任 内閣官房内閣参事官（内閣人事局）
令和 2 年 7 月　総務省行政管理局管理官（厚生労働・宮内等）併任 内閣
　　　　　　　　官房内閣参事官（内閣人事局）
令和 3 年 7 月　個人情報保護委員会事務局参事官
令和 5 年 7 月　総務省大臣官房参事官 併任 総務課公文書監理室長

総務省大臣官房参事官 併任 総務課管理室長
Counselor of Minister's Secretariat (Management Office)

加　藤　　　剛 （かとう　たけし）

昭和46年3月8日生. 奈良県出身.
京都大学法学部

平成8年4月	総務庁入庁
平成25年7月	国家公務員制度改革推進本部事務局企画官
平成26年5月	内閣府情報公開・個人情報保護審査会事務局総務課調査官
平成26年8月	総務省行政管理局企画調整課企画官
平成28年6月	総務省行政管理局管理官（行政通則法）
平成29年7月	総務省行政管理局管理官（厚生労働・文部科学・宮内等）
	併任 内閣官房内閣参事官（内閣人事局）
平成31年1月	総務省行政管理局業務改革研究官
令和元年7月	総務省公害等調整委員会事務局審査官
令和4年6月	総務省大臣官房参事官 併任 総務課管理室長

総務省大臣官房参事官 併任 企画課政策室長

島　田　勝　則（しまだ　かつのり）

昭和47年 7 月18日生. 埼玉県出身.
東京大学法学部

平成 7 年 4 月	自治省入省
平成16年 7 月	奈良県総務部行政経営課長
平成18年 4 月	奈良県総務部財政課長
平成20年 4 月	総務省自治行政局公務員部公務員課給与能率推進室課長補佐
平成22年 4 月	総務省自治行政局市町村体制整備課理事官
平成23年 5 月	大分県総務部審議監
平成24年 7 月	兼 生活環境部審議監（～ 12月）
平成25年 4 月	大分県総務部長
平成29年 7 月	総務省大臣官房参事官 兼 自治財政局財政課復興特別交付税室長
平成30年 4 月	内閣官房副長官補付参事官 兼 内閣官房まち・ひと・しごと創生本部事務局参事官 兼 内閣府地方創生推進室参事官 兼 地方創生推進事務局参事官（地域再生担当）
令和 2 年 8 月	内閣府政策統括官（防災担当）付参事官（災害緊急事態対処担当）
令和 4 年 8 月	総務省大臣官房参事官 併任 企画課政策室長

総務省大臣官房参事官 併任 行政管理局管理官 (業務改革総括)

須　﨑　和　馬（すざき　かずま）

昭和41年7月25日生. 長崎県出身.
佐世保南高校, 立命館大学

令和2年4月　総務省行政管理局行政情報システム企画課企画官
令和3年9月　デジタル庁統括官付参事官付企画官 (戦略・組織グループ)
令和5年7月　総務省大臣官房参事官 併任 行政管理局管理官 (業務改革総括)

総務省大臣官房会計課長 併：予算執行調査室長

赤 阪 晋 介（あかさか　しんすけ）

昭和46年5月28日生．東京都出身．
東京大学経済学部

平成6年4月	郵政省入省
平成24年7月	総務省情報通信国際戦略局情報通信政策課調査官
平成26年1月	総務省情報流通行政局情報流通振興課情報セキュリティ対策室長
平成27年8月	東武鉄道株式会社（交流派遣）
平成29年7月	総務省情報流通行政局情報流通振興課企画官
平成30年7月	総務省サイバーセキュリティ統括官付参事官（政策担当）
令和2年7月	個人情報保護委員会事務局参事官
令和4年6月	総務省大臣官房会計課長 併：予算執行調査室長

総務省大臣官房企画課長

近 藤 玲 子（こんどう　れいこ）

神戸女学院高等学部,
東京大学大学院理学系研究科情報科学専攻,
スタンフォード大学大学院（ＭＢＡ）

平成 5 年 4 月　郵政省入省
平成23年 7 月　内閣官房情報セキュリティセンター企画調整官
平成26年 8 月　総務省情報流通行政局放送技術課技術企画官
平成28年 7 月　総務省総合通信基盤局電波部基幹・衛星移動通信課重要
　　　　　　　　無線室長
平成29年 7 月　総務省総合通信基盤局電波部電波環境課長
平成30年 7 月　総務省サイバーセキュリティ統括官付参事官（国際担当）
令和 2 年 7 月　総務省国際戦略局通信規格課長
令和 3 年 7 月　総務省情報流通行政局放送技術課長
令和 4 年 6 月　総務省総合通信基盤局総務課長
令和 5 年 7 月　総務省大臣官房企画課長

総務省大臣官房政策評価広報課長 併任 政策立案支援室長
Director, Policy Evaluation and Public Relations Division, Minister's Secretariat

山 口 真 矢（やまぐち　しんや）

長崎県出身.
東京大学

平成24年 8 月	船橋市副市長
平成26年 7 月	総務省行政管理局企画官
平成27年 7 月	総務省行政管理局管理官
平成28年 7 月	総務省行政評価局評価監視官
平成29年 1 月	内閣官房内閣参事官
令和元年 7 月	総務省行政管理局企画調整課長
令和 2 年 7 月	総務省大臣官房参事官
令和 3 年 7 月	総務省行政管理局企画調整課長
令和 4 年 7 月	デジタル庁統括官付参事官（組織・戦略グループ／デジタル臨時行政調査会事務局）
令和 5 年 7 月	総務省大臣官房政策評価広報課長 併任 政策立案支援室長

総務省大臣官房広報室長
Director of the Public Relations Office

村 上 仰 志（むらかみ　たかし）

山梨県出身.
東京大学法学部

平成14年 4 月	総務省入省
平成27年 7 月	総務省自治行政局行政経営支援室課長補佐
平成28年 4 月	総務省自治行政局市町村課課長補佐
平成29年 4 月	総務省自治行政局公務員部公務員課理事官
平成30年 4 月	茨城県総務部長
令和 3 年 4 月	総務省大臣官房企画課企画官
令和 3 年10月	野田国務大臣秘書官事務取扱
令和 4 年 8 月	総務省大臣官房企画課企画官
令和 5 年 7 月	総務省大臣官房広報室長

総務省行政管理局長
Director-General of Administrative
Management Bureau

松 本 敦 司 （まつもと　あつし）

昭和41年8月18日生．兵庫県出身．
私立灘高等学校，東京大学法学部

平成元年4月	総務庁入庁
平成17年8月	総務省行政管理局企画調整課行政手続・制度調査室長
平成18年9月	総務省大臣官房付 命 大臣秘書官事務取扱
平成19年8月	総務省行政評価局評価監視官（客観性担保評価担当）併任 行政評価局総務課 併任 行政評価局年金記録確認中央第三者委員会事務室主任調査員
平成20年8月	船橋市副市長
平成22年8月	内閣官房内閣参事官（内閣総務官室）併任 内閣官房副長官補付 命 内閣官房行政改革推進室室員 併任 国家公務員制度改革推進本部事務局局員
平成24年9月	総務省人事・恩給局参事官（服務・勤務時間・人事評価、任用・交流担当）
平成25年6月	総務省人事・恩給局公務員高齢対策課長
平成26年5月	内閣官房内閣参事官（内閣人事局）
平成29年7月	総務省大臣官房秘書課長
令和元年7月	総務省大臣官房審議官（行政管理局担当）
令和2年7月	内閣府官民人材交流センター官民人材交流副センター長 併任 内閣官房内閣審議官（内閣人事局）
令和5年7月	総務省行政管理局長

行政管理局

総務省行政管理局業務改革特別研究官

澤　田　稔　一（さわだ　としかず）
昭和34年3月13日生．高知県出身．
岡山大学理学部

昭和56年4月	行政管理庁入庁
平成22年4月	総務省行政管理局行政情報システム企画課情報システム企画官
平成23年7月	総務省行政管理局行政情報システム企画課情報システム管理室長
平成25年4月	総務省大臣官房付　併：内閣官房内閣参事官（内閣官房副長官補付）命　情報通信技術（ＩＴ）総合戦略室参事官
平成26年8月	命　内閣官房人事給与業務効率化検討室長
平成28年6月	総務省行政管理局行政情報システム企画課長　併：内閣官房内閣参事官（内閣官房副長官補付）命　内閣官房情報通信技術（ＩＴ）総合戦略室参事官　兼命　内閣官房人事給与業務効率化検討室長
平成29年7月	総務省大臣官房サイバーセキュリティ・情報化審議官
平成30年7月	総務省行政管理局電子政府特別研究官
令和3年9月	総務省行政管理局業務改革特別研究官

総務省行政管理局企画調整課長
Director of the Planning and Coordination Division

大 西 一 禎 （おおにし　かずよし）

昭和39年7月19日生. 香川県出身.
立教大学法学部

昭和63年4月	総務庁入庁
平成27年4月	総務省行政管理局調査官 併任 行政情報システム企画課
令和2年4月	総務省行政管理局行政情報システム企画課情報システム管理室長
令和3年7月	総務省大臣官房参事官 併任 行政管理局管理官 併任 行政情報システム企画課情報システム管理室長
令和3年9月	総務省大臣官房参事官 併任 行政管理局管理官
令和5年7月	総務省行政管理局企画調整課長

総務省行政管理局調査法制課長

津 村 　 晃 （つむら　あきら）

昭和44年5月13日生. 東京都出身.
筑波大学附属駒場高校, 東京大学法学部,
シラキュース大学公共経営学大学院・情報学大学院

平成6年4月　総務庁入庁　平成13年7月　内閣府政策統括官付参事官付参事官補佐（国際交流）　平成15年7月　総務省行政管理局企画調整課課長補佐（企画調整）　平成17年4月　総務省行政管理局副管理官（経済産業省・環境省担当）　平成18年1月　行政改革推進本部事務局公務員制度等改革推進室参事官補佐（配置転換）　平成18年7月　総務省行政管理局副管理官（経済産業省・環境省担当）　平成18年12月　行政改革推進本部事務局公務員制度改革等担当参事官補佐（再就職規制）　平成19年7月　総務省人事・恩給局総務課課長補佐（総括）　平成19年11月　総務省人事・恩給局国家公務員退職手当法改正検討室室長補佐　平成21年8月　総務省行政管理局副管理官（定員総括）　平成23年7月　総務省行政管理局企画調整課企画官　平成25年6月　総務省行政評価局政策評価官室調査官　平成26年5月　総務省行政評価局政策評価課企画官　平成26年7月　経済産業省地域経済産業グループ産業施設課長　平成28年7月　船橋市副市長　平成29年8月　総務省統計局統計情報システム管理官 併任 統計改革実行推進室参事官（政策統括官付）　平成31年1月　総務省国際統計管理官（政策統括官付）併任 統計改革実行推進室参事官（政策統括官付）　令和3年7月　内閣官房内閣参事官（内閣官房副長官補付こども政策推進体制検討チーム等）　令和5年4月　総務省行政管理局調査法制課長

総務省行政管理局管理官（特殊法人総括・独法制度総括、外務）
Director for Management

佐 藤 隆 夫 (さとう　たかお)

令和4年7月　内閣官房内閣参事官（内閣人事局）併任 総務省行政管理
　　　　　　　局管理官（特殊法人総括・独法制度総括、外務）

総務省行政管理局管理官（独法評価総括）
Director for Management

谷 口 謙 治 (たにぐち　けんじ)

愛知県出身.
私立東海高等学校，東京大学法学部

平成12年4月　総務庁入庁
平成29年7月　個人情報保護委員会事務局総務課企画官
平成31年4月　総務省自治行政局公務員部公務員課女性活躍・人材活用
　　　　　　　推進室長
令和3年7月　内閣官房副長官補付内閣参事官
令和4年7月　総務省行政管理局独立行政法人等制度研究官
令和5年4月　総務省行政管理局管理官（独法評価総括）

総務省行政管理局管理官（内閣（復興庁を除く）・内閣府本府・金融・総務・公調委・財務）

Director for Management

越 尾　　淳（こしお　あつし）

昭和49年3月10日生．東京都出身．
宮城県仙台第一高校，中央大学法学部

平成 9 年 4 月	総務庁入庁
平成29年 7 月	内閣官房内閣参事官（内閣官房副長官補付）命 内閣官房行政改革推進本部事務局参事官 命 内閣官房統計改革推進室参事官
令和元年 7 月	総務省行政評価局政策評価課長
令和 2 年 7 月	内閣官房内閣参事官（内閣人事局）
令和 4 年 6 月	総務省行政管理局管理官（内閣（復興庁を除く）・内閣府本府・個人情報保護委員会・金融・こども家庭・総務・公調委・財務）
令和 5 年 4 月	総務省行政管理局管理官（内閣（復興庁を除く）・内閣府本府・金融・総務・公調委・財務）

主要著書　大橋弘（編）『ＥＢＰＭの経済学』（東京大学出版会）

総務省行政管理局管理官（法務・経済産業・環境・国公委・消費者）

Director for Management

五百籏頭　千奈美（いおきべ　ちなみ）

広島女学院高校，慶應義塾大学法学部

平成 9 年 4 月	労働省入省
平成27年10月	厚生労働省職業安定局派遣・有期労働対策部企画課若年者雇用対策室長
平成28年 6 月	厚生労働省大臣官房総務課企画官 兼 内閣官房東京五輪・パラリンピック競技大会推進本部事務局企画官
平成30年 7 月	厚生労働省労働基準局監督課調査官（労働関係法課 併任）
平成31年 4 月	厚生労働省労働基準局賃金課長
令和 2 年 8 月	厚生労働省職業安定局高齢者雇用対策課長
令和 3 年 9 月	ハーバード大学ウェザーヘッド国際問題研究所
令和 4 年 6 月	内閣官房内閣参事官（内閣人事局）併任 総務省行政管理局管理官（法務・経済産業・環境・国公委・消費者）

総務省行政管理局管理官（文部科学・農水・防衛・公取委・個人情報保護委員会）

Director for Management

川　口　真友美 （かわぐち　まゆみ）

昭和53年8月4日生．東京都出身．
東京大学法学部

平成13年4月　総務省入省　平成21年4月　神奈川県県民部国際課長
平成23年6月　神奈川県総務局企画調整部市町村財政課長　平成25年4
月　総務省行政管理局副管理官　平成26年5月　内閣官房内閣人事局参
事官補佐 併任 総務省行政管理局副管理官　平成26年12月　総務省大臣
官房秘書課課長補佐　平成27年7月　総務省自治大学校教授　平成28年
4月　一般財団法人自治体国際化協会交流支援部長　平成28年11月　総
務省大臣官房秘書課課長補佐　平成30年4月　総務省自治行政局公務員
部公務員課課長補佐　平成30年10月　総務省自治行政局公務員部公務員
課理事官　平成31年4月　千葉市総合政策局長
令和2年4月　千葉市副市長
令和4年7月　総務省自治行政局選挙部政治資金課政党助成室長
令和5年4月　総務省行政管理局管理官（文部科学・農水・防衛・公取
　　　　　　　委・個人情報保護委員会）併任 内閣官房内閣参事官（内
　　　　　　　閣人事局）

総務省行政管理局管理官（国土交通・復興・カジノ管理委員会）

Director for Management

荒　木　太　郎 （あらき　たろう）

都立西高校，東京大学経済学部，
南カリフォルニア大学公共政策学部

平成12年4月　通商産業省入省（工業技術院総務課）　平成14年4月　特
許庁総務課　平成15年7月　経済産業省商務情報政策局消費経済部消費
経済政策　平成17年6月　経済産業省製造産業局鉄鋼課
平成19年7月　米国留学（南カリフォルニア大学）
平成21年6月　石川県庁商工労働部産業政策課
平成24年7月　経済産業省地域経済産業グループ産業施設課
平成25年9月　松島みどり経済産業副大臣秘書官
平成26年9月　経済産業省経済産業政策局産業構造課
平成27年6月　経済産業省地域経済産業グループ地域経済産業政策課政
　　　　　　　策企画委員
平成28年6月　外務省在インドネシア日本国大使館参事官（産業担当）
令和元年7月　内閣官房内閣人事局人事企画官
令和3年7月　経済産業省地域経済産業グループ地域企業高度化推進課長
令和5年7月　内閣官房内閣参事官（内閣人事局）併任 総務省行政管理
　　　　　　　局管理官（国土交通・復興・カジノ管理委員会）

総務省行政管理局管理官（厚生労働・宮内・こども家庭）
Director for Management

辻　　恭　介 (つじ　きょうすけ)

昭和51年9月6日生. 埼玉県出身.
東京大学法学部

平成11年4月　総理府・総務庁合同採用（総務庁行政管理局（情報）管理官付）　平成12年7月　総務庁大臣官房総務課調整第一係　平成13年4月　総務省行政管理局主査（行政改革担当）　平成15年4月　総務省行政管理局企画調整課企画調整係長　平成17年8月　留学（米・ジョージタウン大院）　平成19年4月　総務省人事・恩給局参事官補佐（管理・運用担当）　平成19年8月　内閣官房行政改革推進事務局参事官補佐（公務員制度改革担当）　平成20年8月　内閣官房公務員制度改革推進事務局参事官補佐（総括）　平成21年7月　総務省行政管理局行政情報システム企画課課長補佐（総括）　平成23年3月　内閣府被災者支援チーム参事官補佐（総括）　平成23年7月　財務省主計局調査課課長補佐　平成24年8月　財務省主計局主査（経済協力2）　平成25年6月　総務省人事・恩給局総務課課長補佐（総括・文書審査）　平成26年5月　内閣人事局参事官補佐（総括・文書審査）　平成27年8月　総務省秘書課企画官　平成29年7月　内閣人事局企画官（総括）　令和元年8月　船橋市副市長　令和4年7月　総務省行政管理局管理官（厚生労働・宮内）併任 内閣官房内閣参事官（内閣人事局）　令和5年4月　総務省行政管理局管理官（厚生労働・宮内・こども家庭）併任 内閣官房内閣参事官（内閣人事局）
趣味　ピアノの演奏

事業全体に占める公営企業等の割合

事　業	指　標	全　事　業	左記に占める公営企業等の割合
水　道　事　業	現 在 給 水 人 口	1億2,382万人	99.6%
工 業 用 水 道 事 業	年 間 総 配 水 量	42億7百万m³	99.9%
交 通 事 業（鉄軌道）	年 間 輸 送 人 員	188億5百万人	10.3%
交 通 事 業（バス）	年 間 輸 送 人 員	34億67百万人	19.9%
電　気　事　業	年 間 発 電 電 力 量	8,635億22百万kWh	0.9%
ガ　ス　事　業	年 間 ガ ス 販 売 量	1兆7,225億8百万MJ(メガジュール)	1.4%
病　院　事　業	病　床　数	1,500千床	13.5%
下　水　道　事　業	汚 水 処 理 人 口	1億1,621万人	90.4%

（注）水道事業については令和2年度、水道事業以外の事業については令和3年度の数値である。

「令和5年地方財政白書」より

総務省行政評価局長
Director‐General of the Administrative
Evaluation Bureau

菅 原　　希 (すがわら　のぞむ)

昭和42年5月21日生．岩手県出身．
東北大学法学部

平成2年4月	総務庁入庁
平成17年8月	総務省行政管理局企画調整課企画官
平成18年9月	行政改革担当大臣秘書官事務取扱
平成20年8月	総務省行政評価局評価監視官（独立行政法人第二、特殊法人等担当）
平成22年1月	総務省行政管理局管理官（情報担当）
平成22年7月	内閣官房内閣参事官（内閣官房情報通信技術（IT）担当室）
平成23年7月	総務省行政管理局管理官（経済産業・国公委・法務等）
平成24年8月	総務省行政管理局管理官（業務・システム改革総括）
平成26年7月	総務省行政評価局評価監視官（財務、経済産業等担当）
平成27年7月	総務省行政評価局政策評価課長
平成28年4月	総務省行政評価局行政相談課長
平成29年7月	総務省行政評価局総務課長
平成30年7月	総務省大臣官房政策評価広報課長 併任 政策立案支援室長
令和元年7月	内閣府大臣官房審議官（地方分権改革担当）
令和2年7月	総務省大臣官房審議官（行政管理局担当）
令和3年9月	デジタル庁統括官付審議官（省庁業務サービスグループ次長）
令和5年7月	総務省行政評価局長

総務省大臣官房審議官（行政評価局担当）併任
財務省大臣官房審議官（大臣官房担当）

阿 向 泰二郎（あこう　たいじろう）

昭和45年8月3日生．熊本県天草市出身．
熊本県立済々黌高校，九州大学

平成5年4月	総務庁入庁
平成13年1月	総務省大臣官房企画課課長補佐
平成15年7月	総務省行政管理局副管理官
平成16年7月	総務省統計局参事官補佐
平成19年7月	総務省統計局総務課課長補佐
平成20年4月	独立行政法人統計センター総務部経営企画室企画監
平成20年7月	独立行政法人統計センター総務部総務課長
平成23年7月	総務省行政管理局企画調整課企画官
平成25年6月	内閣官房副長官補付企画官 命 情報通信技術（IT）総合戦略室企画官
平成26年5月	総務省行政管理局管理官（政府情報システム基盤）併：行政管理局行政情報システム企画課（併：内閣官房（内閣官房副長官補付）併：内閣官房情報通信技術（IT）総合戦略室参事官）
平成27年7月	総務省統計局統計情報システム課長
平成28年6月	総務省統計局統計調査部消費統計課長
平成31年2月	総務省統計局統計調査部調査企画課長
令和元年7月	総務省統計局統計調査部国勢統計課長
令和3年7月	総務省大臣官房参事官 併任 総務課公文書監理室長
令和4年6月	総務省統計局総務課長
令和5年7月	総務省大臣官房審議官（行政評価局担当）併任 財務省大臣官房審議官（大臣官房担当）

総務省大臣官房審議官（行政評価局担当）

原 嶋 清 次 (はらしま　きよつぐ)

昭和44年1月1日生．東京都出身．
早稲田大学教育学部

平成 5 年 4 月	総務庁入庁
平成18年 7 月	内閣法制局第一部参事官補
平成21年 7 月	行政改革推進本部事務局企画官
平成23年 4 月	内閣官房被災地復興に関する法案等準備室企画官
平成23年 7 月	総務省行政評価局調査官
平成24年 9 月	総務省行政評価局総務課企画官
平成25年 6 月	総務省大臣官房企画課企画官 兼 情報システム室長
平成26年 4 月	公害等調整委員会事務局審査官
平成28年 6 月	総務省行政評価局評価監視官（財務、文部科学等担当）
平成29年 7 月	総務省行政評価局行政相談課長
平成29年10月	総務省行政評価局行政相談企画課長
令和元年 7 月	総務省大臣官房参事官 併任 総務課公文書監理室長 併任 公害等調整委員会事務局 併任　消防庁長官付
令和 2 年 7 月	総務省行政評価局企画課長
令和 3 年 7 月	総務省行政評価局総務課長
令和 4 年 6 月	総務省大臣官房政策評価広報課長 併任 政策立案支援室長
令和 5 年 7 月	総務省大臣官房審議官（行政評価局担当）

総務省行政評価局総務課長
Director of the General Affairs Division

渡 邉 浩 之（わたなべ　ひろゆき）

昭和47年7月24日生. 福島県出身.
東京大学法学部

平成7年4月	総務庁入庁
平成24年9月	総務省行政管理局行政情報システム企画課個人情報保護室長
平成26年8月	総務省行政評価局政策評価課企画官
平成27年4月	総務省行政評価局企画課企画官
平成27年7月	内閣府本府規制改革推進室参事官
平成29年7月	復興庁統括官付参事官
平成31年4月	総務省行政不服審査会事務局総務課長
令和3年8月	総務省行政評価局評価監視官（連携調査、環境等担当）
令和4年7月	総務省行政評価局行政相談企画課長
令和5年7月	総務省行政評価局総務課長

総務省行政評価局企画課長 併任 政策評価課長
Director of the Policy Planning Division

渡 邉 洋 平（わたなべ　ようへい）

昭和51年6月3日生. 長野県出身.
東京大学法学部

平成12年4月	総務庁入庁
平成29年7月	内閣官房内閣人事局企画官
令和元年5月	総務省行政管理局企画調整課企画官
令和元年9月	総務大臣秘書官事務取扱
令和2年9月	総務省行政管理局企画調整課企画官
令和3年8月	総務省行政評価局評価監視官（内閣、総務等担当）
令和3年12月	デジタル庁統括官付参事官
令和5年7月	総務省行政評価局企画課長
令和5年9月	政策評価課長を併任

総務省行政評価局行政相談企画課長
Director of the Administrative Counseling Division

德　満　純　一（とくみつ　じゅんいち）

昭和48年12月10日生．広島県出身．
東京大学法学部

平成 9 年 4 月	総務庁入庁
平成24年 8 月	総務省行政評価局総務課課長補佐
平成25年 6 月	総務省行政評価局調査官
平成26年 4 月	総務省大臣官房企画課企画官 併任 情報システム室長
平成26年 9 月	国務大臣秘書官事務取扱
平成27年10月	内閣官房内閣人事局企画官
平成28年 8 月	総務省行政評価局総務課企画官
平成30年 7 月	総務省行政不服審査会事務局審査官
令和 2 年 8 月	総務省行政評価局評価監視官（連携調査、環境等担当）
令和 2 年 9 月	内閣官房内閣参事官（内閣官房副長官補付）命 情報通信技術（ＩＴ）総合戦略室参事官
令和 3 年 9 月	デジタル庁統括官付参事官
令和 4 年 6 月	総務省行政評価局評価監視官（復興、国土交通担当）
令和 5 年 7 月	総務省行政評価局行政相談企画課長

総務省行政評価局評価監視官（内閣、総務等担当）
Director for Evaluation and Inspection

平　野　欧里絵（ひらの　おりえ）

平成11年 4 月	総務庁入庁
平成27年 7 月	総務省行政評価局企画課企画官
平成29年 7 月	内閣官房内閣人事局企画官
平成30年 7 月	外務省在ジュネーブ国際機関日本政府代表部参事官
令和 3 年 8 月	総務省国際統計管理官（政策統括官付）併任 統計改革実行推進室参事官（政策統括官付）
令和 5 年 7 月	総務省行政評価局評価監視官（内閣、総務等担当）

総務省行政評価局評価監視官（法務、外務、経済産業等担当）
Director for Evaluation and Inspection

玉 置　　 賢（たまき　けん）

昭和46年3月23日生．神奈川県出身．
東京大学経済学部

平成6年4月	農林水産省入省
平成23年7月	内閣府本府行政刷新会議事務局企画官
平成24年12月	内閣府大臣官房行政改革関係組織検討準備室企画官
平成25年1月	内閣官房副長官補付企画官
平成26年8月	農林水産省経営局就農・女性課経営体育成支援室長
平成28年8月	林野庁林政部木材利用課長
平成30年7月	農林水産省経営局保険課長
令和2年8月	農林水産省経営局経営政策課長
令和4年6月	総務省行政評価局評価監視官（法務、外務、経済産業等担当）

総務省行政評価局評価監視官（財務、文部科学等担当）
Director for Evaluation and Inspection

山 本 宏 樹（やまもと　ひろき）

平成29年6月	総務省行政管理局企画調整課企画官
平成30年10月	総務大臣秘書官事務取扱
令和元年9月	総務省大臣官房参事官 併任 行政管理局管理官（業務・システム改革総括）
令和2年7月	総務省行政管理局管理官（独法評価総括）
令和3年7月	総務省行政管理局管理官（厚生労働・宮内等）併任 内閣官房内閣参事官（内閣人事局）
令和4年7月	総務省行政評価局評価監視官（財務、文部科学等担当）
令和5年1月	総務省行政評価局政策評価課長
令和5年7月	総務省行政評価局評価監視官（財務、文部科学等担当）

総務省行政評価局評価監視官（厚生労働等担当）
Director for Evaluation and Inspection

方　　健　児 （かた　けんじ）

昭和39年10月18日生．富山県出身．
富山県立高岡高等学校，金沢大学法学部

昭和63年4月	総務庁入庁
平成19年4月	総務省行政管理局企画調整課特殊法人等専門官 併任 副管理官
平成21年4月	総務省行政評価局評価監視調査官
平成23年4月	総務省大臣官房会計課課長補佐 併任 予算執行調査室室員
平成25年4月	総務省行政評価局評価手法開発専門官
平成26年5月	総務省行政評価局評価監視調査官 併任 行政管理局副管理官
平成27年4月	総務省行政評価局総務課企画官 併任 行政管理局
平成28年6月	総務省行政管理局調査官
平成29年7月	総務省行政管理局企画官
令和3年4月	総務省大臣官房会計課企画官 併任 庁舎管理室長 併任 予算執行調査室室員
令和3年7月	総務省行政管理局管理官（独法評価総括）
令和5年4月	総務省行政評価局評価監視官（厚生労働等担当）

総務省行政評価局評価監視官（農林水産、防衛担当）
Director for Evaluation and Inspection

清　水　久　子 （しみず　ひさこ）

昭和49年3月19日生．富山県出身．
富山県立富山中部高校，京都大学法学部

平成9年4月	郵政省入省
平成26年7月	復興庁統括官付参事官付企画官
平成28年7月	総務省情報流通行政局衛星・地域放送課国際放送推進室長
平成30年8月	総務省総合通信基盤局電気通信事業部事業政策課ブロードバンド整備室長
令和元年8月	総務省総合通信基盤局電気通信事業部消費者行政第二課企画官
令和2年7月	内閣官房内閣人事局参事官（福利厚生、ハラスメント防止、争訟、労働・国際担当）
令和4年6月	総務省政治資金適正化委員会事務局参事官
令和5年7月	総務省行政評価局評価監視官（農林水産、防衛担当）

総務省行政評価局評価監視官（復興、国土交通担当）
Director for Evaluation and Inspection

尾 原 淳 之（おはら　じゅんじ）

昭和46年 3 月27日生．東京都出身．
北海道大学大学院法学研究科

平成 7 年 4 月	総務庁入庁
平成24年12月	総務大臣秘書官事務取扱
平成26年 9 月	総務省大臣官房企画課企画官 兼 企画課情報システム室長
平成27年 7 月	総務省行政評価局総務課企画官 兼 大臣官房企画課企画官 兼 企画課情報システム室長
平成28年 4 月	総務省自治行政局公務員部公務員課女性活躍・人材活用推進室長
平成29年 8 月	船橋市副市長
令和元年 8 月	内閣官房副長官付内閣参事官 兼 情報通信技術（ＩＴ）総合戦略室参事官
令和 3 年 7 月	内閣官房内閣参事官（内閣官房副長官付）命 内閣官房行政改革推進本部事務局参事官
令和 5 年 7 月	総務省行政評価局評価監視官（復興、国土交通担当）

総務省行政評価局評価監視官（連携調査、環境等担当）
Director for Evaluation and Inspection

谷 道 正太郎（たにみち　せいたろう）

昭和51年 3 月24日生．富山県出身．
東京大学大学院数理科学研究科

平成14年 4 月	総務省入省
平成30年 4 月	総務省統計局統計データ利活用センター長
令和 2 年 4 月	総務省統計局総務課調査官
令和 2 年 7 月	総務省政策統括官（統計基準担当）付企画官 併任 内閣官房副長官補付企画官 命 内閣官房統計改革推進室企画官
令和 3 年 7 月	総務省統計局統計調査部国勢統計課労働力人口統計室長
令和 4 年 6 月	総務省統計局統計調査部消費統計課物価統計室長
令和 5 年 7 月	総務省行政評価局評価監視官（連携調査、環境等担当）

総務省行政評価局行政相談管理官
Director of Administrative Counseling Office

柏 尾 倫 哉（かしわお りんや）

昭和40年２月23日生．北海道出身．
北海学園大学法学部

昭和62年４月	総務庁入庁
平成25年７月	総務省行政評価局総括評価監視調査官
平成26年７月	総務省行政評価局調査官
平成28年６月	総務省行政評価局総務課企画官
平成30年７月	総務省行政評価局政策評価課客観性担保評価推進室長
平成31年４月	総務省行政評価局総務課地方業務室長
令和２年４月	内閣官房内閣参事官（内閣官房副長官補付）命 内閣官房行政改革推進本部事務局参事官 併任 内閣府本府規制改革推進室
令和５年４月	総務省行政評価局行政相談管理官

公営企業等全体の経営状況

区　　分	令和３年度 (A)			令和２年度 (B)			差引 (A) - (B)		
	法適用企業	法非適用企業	合計	法適用企業	法非適用企業	合計	法適用企業	法非適用企業	合計
黒字事業数	3,805 [81.4%]	3,300 [97.9%]	7,105 [88.3%]	3,622 [77.8%]	3,376 [98.1%]	6,998 [86.4%]	183	△76	107
黒 字 額	10,760	842	11,602	8,415	720	9,135	2,344	122	2,467
赤字事業数	872 [18.6%]	72 [2.1%]	944 [11.7%]	1,031 [22.2%]	67 [1.9%]	1,098 [13.6%]	△159	5	△154
赤 字 額	1,288	121	1,410	2,040	133	2,173	△752	△12	△764
総事業数	4,677	3,372	8,049	4,653	3,443	8,096	24	△71	△ 47
収　　支	9,471	721	10,192	6,375	587	6,962	3,096	134	3,230

(注)　1　事業数は，決算対象事業数（建設中のものを除く．）である．
　　　2　黒字額，赤字額は，法適用企業にあっては純損益，法非適用企業にあっては実質収支であり，他会計繰入金等を含む．
　　　3　[ ] は，総事業数（建設中のものを除く．）に対する割合である．

「令和５年地方財政白書」より

総務省自治行政局長
Director‐General of the Local Administration
Bureau

山　野　　　謙（やまの　けん）

昭和41年3月26日生. 宮崎県出身.
東京大学法学部

平成元年4月	自治省入省（税務局固定資産税課 兼 大臣官房総務課）
平成元年7月	京都府総務部地方課
平成3年4月	自治大学校
平成4年4月	自治省大臣官房総務課（兼）財政局地方債課
平成6年4月	新潟県行政情報室長
平成8年4月	新潟県情報政策課長
平成10年4月	新潟県財政課長
平成12年4月	自治省大臣官房総務課課長補佐
平成12年6月	国土庁大都市圏整備局総務課課長補佐
平成13年1月	国土交通省都市・地域整備局企画課課長補佐
平成13年4月	青森県企画振興部次長
平成14年9月	総務省自治財政局地方債課課長補佐
平成15年7月	鳥取県米子市助役
平成17年4月	総務省自治財政局財政制度調整官
平成18年8月	公営企業金融公庫経理部資金課長
平成20年10月	地方公営企業等金融機構経営企画部企画課長
平成21年4月	福岡県総務部長
平成25年7月	内閣官房副長官補付内閣参事官（併）行政改革推進本部国家公務員制度改革事務局参事官
平成26年7月	総務省行政管理局管理官（併）内閣官房内閣参事官（内閣人事局）
平成27年7月	地方公共団体金融機構経営企画部長
平成29年7月	総務省大臣官房総務課長
平成30年7月	内閣官房副長官補付内閣審議官（併）内閣府本府地方分権改革推進室次長
令和元年7月	大阪府副知事
令和3年7月	総務省大臣官房総括審議官（新型コロナウイルス感染症対策、政策企画（副）担当）
令和4年6月	総務省大臣官房総括審議官（選挙制度、政策企画（副）担当）
令和5年7月	総務省自治行政局長

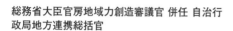

総務省大臣官房地域力創造審議官 併任 自治行政局地方連携総括官

山 越 伸 子（やまこし　のぶこ）

昭和42年12月31日生．東京都出身．
東京大学経済学部

平成 2 年 4 月	自治省入省	
平成13年 4 月	千葉県船橋市福祉局長	
平成15年 4 月	千葉県船橋市健康福祉局長	
平成15年 7 月	総務省自治財政局公営企業課 兼 地域企業経営企画室	
平成17年 8 月	経済産業省貿易経済協力局貿易管理部原産地証明室長	
平成18年 8 月	総務省自治行政局公務員部定員給与調査官	
平成20年 4 月	東京都オリンピック招致本部参事（国際招致担当）	
平成21年 7 月	東京都知事本局参事（調査担当）	
平成22年 7 月	東京都環境局環境改善部長	
平成23年 8 月	総務省自治行政局国際室長	
平成25年 4 月	総務省自治行政局過疎対策室長	
平成26年 7 月	総務省消防庁消防・救急課長	
平成28年 6 月	総務省自治行政局地域自立応援課長	
平成29年 7 月	総務省自治財政局財務調査課長	
平成30年 7 月	総務省自治財政局公営企業課長	
令和 2 年 7 月	総務省自治行政局公務員部長	
令和 4 年 6 月	総務省大臣官房総括審議官（新型コロナウイルス感染症対策、政策企画（主）担当）	
令和 5 年 7 月	総務省大臣官房地域力創造審議官 併任 自治行政局地方連携総括官	

**総務省大臣官房審議官（地方行政・個人番号制
度、地方公務員制度、選挙担当）**
Deputy Director-General of Minister's
Secretariat

三　橋　一　彦（みはし　かずひこ）

昭和44年 4 月14日生．鳥取県出身．
東京大学法学部

平成 4 年 4 月	自治省入省
平成15年 4 月	総務省自治行政局合併推進課行政体制整備室課長補佐 兼 合併推進課長補佐
平成16年 7 月	総務省自治行政局公務員部公務員課給与能率推進室課長補佐 兼 公務員部公務員課長補佐
平成18年 8 月	総務省自治財政局財務調査課長補佐
平成19年 4 月	総務省自治財政局財務調査課理事官
平成20年 4 月	鹿児島県総務部次長 兼 財政課長
平成21年 4 月	鹿児島県総務部次長
平成22年 4 月	鹿児島県総務部長
平成23年 7 月	内閣府地域主権戦略室参事官
平成25年 2 月	総務省自治行政局公務員部公務員課給与能率推進室長
平成27年 7 月	内閣官房内閣参事官（内閣官房副長官補付）命 内閣官房社会保障改革担当室参事官 併任 内閣府大臣官房番号制度担当室参事官
令和元年 7 月	総務省自治行政局住民制度課長
令和 3 年 7 月	総務省自治行政局行政課長
令和 4 年 6 月	総務省大臣官房審議官（地方行政・個人番号制度、地方公務員制度、選挙担当）

総務省自治行政局行政課長

Director of the Local Administration Division

田　中　聖　也（たなか　まさや）

昭和45年5月15日生.　埼玉県出身.
東京大学法学部

平成5年4月	自治省入省
平成18年7月	総務省自治行政局行政課課長補佐
平成19年4月	内閣府地方分権改革推進委員会事務局参事官補佐
平成21年7月	総務省自治行政局行政課行政企画官 兼 大都市制度専門官事務取扱
平成23年4月	山梨県総務部長
平成25年4月	全国知事会部長 兼 地方自治確立対策協議会地方分権改革推進本部事務局部長
平成27年7月	総務省自治行政局公務員部公務員課給与能率推進室長
平成28年6月	総務省自治行政局市町村課行政経営支援室長
平成29年7月	内閣官房内閣参事官（内閣総務官室）
令和元年7月	総務省自治行政局市町村課長
令和2年7月	総務省大臣官房参事官（秘書課担当）
令和4年6月	総務省自治行政局行政課長

総務省自治行政局住民制度課長

植　田　昌　也（うえだ　まさや）

昭和47年10月12日生.　大阪府出身.
東京大学法学部

平成7年4月	自治省入省
平成18年4月	総務省大臣官房秘書課課長補佐 併任 自治財政局財務調査課課長補佐
平成19年7月	外務省在ニューヨーク日本国総領事館領事
平成22年8月	総務省自治行政局住民制度課理事官
平成23年4月	総務省自治行政局行政課理事官
平成24年11月	総務省自治行政局行政課行政企画官
平成25年7月	愛知県地域振興部企画調整監
平成26年4月	愛知県地域振興部長
平成27年4月	愛知県振興部長
平成29年7月	総務省自治行政局行政経営支援室長
平成30年7月	併任 自治行政局行政課2040戦略室長
令和2年7月	総務省自治行政局市町村課長
令和4年7月	総務省自治税務局市町村税課長
令和5年7月	総務省自治行政局住民制度課長

自治行政局

総務省自治行政局市町村課長

原　　昌　史 （はら　まさのぶ）

昭和48年9月16日生．東京都出身．
東京大学法学部

平成 9 年 4 月	自治省入省
平成23年 4 月	総務省自治財政局交付税課課長補佐
平成25年 4 月	総務省大臣官房秘書課課長補佐
平成27年 7 月	愛媛県総務部長
平成28年 8 月	愛媛県副知事
令和元年 7 月	総務省大臣官房広報室長
令和 3 年 7 月	内閣官房 命 松野国務大臣秘書官事務取扱
令和 5 年 7 月	総務省自治行政局市町村課長

総務省自治行政局地域政策課長

西　中　　隆 （にしなか　たかし）

昭和45年8月25日生．広島県出身．
広島大学附属福山高校，一橋大学法学部

平成 6 年 4 月	自治省採用
平成15年 7 月	国際観光振興機構トロント観光宣伝事務所員
平成18年10月	内閣府参事官補佐（総括担当）（政策統括官（防災担当）付）
平成20年 7 月	総務省自治税務局都道府県税課課長補佐
平成22年 4 月	総務省自治行政局公務員部公務員課理事官
平成24年 4 月	佐賀県くらし環境本部文化・スポーツ部長
平成26年 4 月	佐賀県統括本部長
平成28年 4 月	東京オリンピック・パラリンピック競技大会組織委員会事務局大会準備運営第一局次長 兼 聖火リレー室長
平成30年 7 月	内閣府参事官（災害緊急事態対処担当）
令和 2 年 8 月	個人情報保護委員会事務局総務課長
令和 4 年 6 月	総務省自治行政局地域政策課長

総務省自治行政局地域自立応援課長 併任 内閣府地方創生推進事務局参
事官（地域再生担当）
Director of Regional Self-support Promotion Division

川　島　正　治（かわしま　まさはる）

昭和39年8月11日生．山梨県出身．
法政大学法学部

昭和58年4月	自治省入省
平成20年4月	総務省大臣官房秘書課課長補佐
平成24年4月	総務省自治財政局財務調査課財政健全化専門官 併任 財務調査課課長補佐
平成25年4月	総務省自治財政局財務調査課理事官
平成26年7月	地方職員共済組合総務部運用課長
平成28年4月	総務省自治財政局財政課総務室長
平成30年8月	全国知事会調査第一部長
令和4年4月	総務省自治財政局財務調査官
令和5年7月	総務省自治行政局地域自立応援課長 併任 内閣府地方創生推進事務局参事官（地域再生担当）

自治行政局

料金収入の状況（令和3年度）

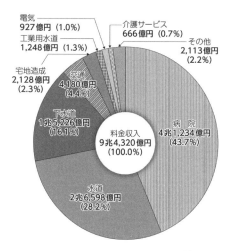

電気
927億円（1.0%）
工業用水道
1,248億円（1.3%）
宅地造成
2,128億円
（2.3%）
交通
4,180億円
（4.4%）
下水道
1兆5,226億円
（16.1%）
介護サービス
666億円（0.7%）
その他
2,113億円
（2.2%）
病　院
4兆1,234億円
（43.7%）
料金収入
9兆4,320億円
（100.0%）
水道
2兆6,598億円
（28.2%）

「令和5年地方財政白書」より

総務省自治行政局公務員部長
Director-General of the Local Public Service
Personnel Department

小　池　　信　之 (こいけ　のぶゆき)
昭和44年 8 月28日生．静岡県出身．
東京大学法学部

平成 4 年 4 月	自治省入省
平成10年 4 月	福岡市経済振興局経済政策部国際経済課長
平成12年 4 月	公営企業金融公庫総務部調査役
平成14年 4 月	茨城県商工労働部観光物産課長
平成15年 4 月	茨城県保健福祉部障害福祉課長
平成16年 4 月	茨城県総務部財政課長
平成18年 4 月	総務省自治税務局固定資産税課審査訴訟専門官　併任　固定資産税課資産評価室課長補佐
平成19年 4 月	総務省自治税務局固定資産税課理事官
平成20年 7 月	佐賀県統括本部副本部長
平成21年 4 月	佐賀県経営支援本部本部長
平成23年 1 月	内閣府情報公開・個人情報保護審査会事務局審査官
平成24年 8 月	総務省自治税務局都道府県税課税務管理官
平成26年 4 月	新潟大学経済学部教授
平成29年 7 月	内閣官房日本経済再生総合事務局参事官
令和元年 7 月	広島市副市長
令和 4 年 6 月	内閣官房新型コロナウイルス等感染症対策推進室審議官
令和 5 年 7 月	地方公共団体情報システム機構総合行政ネットワーク全国センター長
令和 5 年 9 月	総務省自治行政局公務員部長

総務省自治行政局公務員部公務員課長
Director of the Local Public Service Personnel Division

細 田 大 造 （ほそだ　だいぞう）

昭和46年 6 月 9 日生．愛知県出身．
東京大学法学部

平成 6 年 4 月	自治省入省
平成21年 4 月	総務省消防庁国民保護・防災部防災課災害対策官
平成22年 7 月	内閣府沖縄振興局総務課跡地利用促進室長
平成24年 7 月	全国市町村職員共済組合連合会財務部長
平成26年 8 月	内閣府情報公開・個人情報保護審査会事務局審査官
平成28年 4 月	金沢市副市長
平成31年 4 月	総務省大臣官房付
令和元年 7 月	内閣官房内閣官房副長官補内閣参事官 兼 日本経済再生総合事務局内閣参事官
令和 3 年 7 月	内閣官房副長官補付 併任 内閣府参事官（政策統括官（政策調整担当）付）併任 内閣府本府地方分権改革推進室参事官
令和 5 年 7 月	総務省自治行政局公務員部公務員課長

総務省自治行政局公務員部福利課長
Director of the Welfare Division

田 中 良 斉 （たなか　よしなり）

静岡県出身．
東京大学法学部

平成 9 年 4 月	自治省入省
平成24年 8 月	総務省自治行政局住民制度課理事官
平成25年 7 月	総務省自治行政局行政課地方議会企画官
平成26年 7 月	総務省自治行政局行政課行政企画官
平成27年 7 月	青森県総務部長 兼 危機管理監
平成31年 4 月	地方税共同機構事務局長
令和 2 年 7 月	総務省自治行政局市町村課行政経営支援室長 兼 行政課2040戦略室長
令和 3 年 7 月	総務省自治行政局住民制度課マイナンバー制度支援室長 兼 外国人住民基本台帳室長
令和 4 年 6 月	内閣官房内閣参事官
令和 5 年 7 月	総務省自治行政局公務員部福利課長

総務省自治行政局選挙部長
Director-General of the Election Department

笠　置　隆　範（かさぎ　たかのり）
昭和43年9月1日生．大分県出身．
大分雄城台高等学校，東京大学法学部

平成4年4月	自治省入省
平成10年4月	島根県総務部国際課長
平成12年4月	島根県商工労働部企業振興課長
平成14年4月	島根県総務部財政課長
平成16年4月	内閣官房副長官補付
平成17年7月	総務省自治行政局選挙部選挙課課長補佐
平成19年4月	総務省自治行政局選挙部選挙課理事官
平成21年9月	総務大臣秘書官事務取扱
平成22年9月	総務省大臣官房政策評価広報課企画官
平成23年4月	岡山県総務部長
平成25年4月	総務省大臣官房企画官 兼 参事官 兼 自治財政局財政課復興特別交付税室長
平成27年6月	北海道総務部長 兼 北方領土対策本部長
平成29年7月	厚生労働省職業安定局雇用開発部地域雇用対策課長
平成30年7月	総務省自治行政局選挙部管理課長
令和元年8月	総務省自治行政局選挙部政治資金課長
令和2年5月	総務省自治行政局選挙部選挙課長 併任 政治資金課長
令和2年7月	総務省自治行政局選挙部選挙課長
令和5年7月	総務省自治行政局選挙部長

総務省自治行政局選挙部選挙課長
Director of the Election Division

清　田　浩　史（きよた　ひろし）

昭和44年11月生．大阪府出身．
東京大学法学部

平成5年4月　自治省入省　平成10年7月　札幌市企画調整局企画部調整課長　平成12年7月　国税庁資産税課課長補佐　平成14年4月　神奈川県福祉部介護国民健康保険課長　平成16年4月　神奈川県企画部市町村課長　平成18年4月　総務省自治行政局選挙部管理課訟務専門官 兼 課長補佐　平成19年8月　総務省大臣官房総務課課長補佐 兼 政策評価広報課評価専門官
平成20年7月　浜松市企画部長
平成22年8月　地方公共団体金融機構資金部資金課長
平成24年4月　地方公共団体金融機構経営企画部企画課長
平成25年4月　山形県子育て推進部長
平成26年7月　山形県総務部長
平成28年4月　復興庁統括官付参事官
平成30年7月　地方公共団体金融機構資金部長
令和2年7月　総務省自治行政局選挙部管理課長
令和5年7月　総務省自治行政局選挙部選挙課長

総務省自治行政局選挙部管理課長
Director of the Election Management Division

北　村　朋　生（きたむら　ともお）

昭和47年1月19日生．長崎県出身．
東京大学法学部

平成8年4月　自治省入省　平成14年4月　宮古市総務企画部長　平成17年4月　総務省自治税務局都道府県税課長補佐　平成18年4月　愛媛県総務部新行政推進局市町振興課長　平成21年7月　総務省大臣官房総務課長補佐　平成22年7月　総務省自治税務局固定資産税課課長補佐　平成23年4月　滋賀県総務部管理監（経営企画・協働推進担当）　平成24年4月　滋賀県琵琶湖環境部長　平成25年4月　滋賀県総務部長　平成27年4月　自治体国際化協会審議役　平成27年7月　自治体国際化協会北京事務所長　令和元年7月　総務省自治行政局選挙部政治資金課政党助成室長　令和2年1月　内閣府参事官（産業・雇用担当）（政策統括官（経済財政運営担当）付）併任 内閣府本府地域就職氷河期世代支援加速化事業推進室参事官
令和2年10月　総務省大臣官房参事官 併任 自治行政局公務員部公務員課給与能率推進室長事務取扱
令和3年7月　総務省自治行政局選挙部政治資金課長
令和5年7月　総務省自治行政局選挙部管理課長

総務省自治行政局選挙部政治資金課長
Director of the Political Funds Regulation Division

長谷川　　　孝（はせがわ　たかし）

昭和47年1月19日生．熊本県出身．
私立市川高等学校，東京大学法学部

平成6年4月　自治省入省　平成18年4月　総務省消防庁予防課課長補佐　平成19年8月　総務省自治行政局選挙部管理課訟務専門官（兼）課長補佐　平成21年4月　総務省自治行政局選挙部管理課理事官　平成21年9月　総務省自治行政局選挙部選挙課理事官　平成23年5月　総務省自治行政局選挙部選挙課企画官　平成24年4月　横浜市政策局政策部担当部長　平成25年4月　横浜市政策局担当理事（兼）政策部担当部長　平成27年4月　横浜市政策局政策調整担当理事　平成28年7月　内閣官房内閣参事官（内閣官房副長官補付）命 内閣官房番号制度推進室参事官 併任 内閣府大臣官房番号制度担当室参事官 ）　平成30年4月　総務省大臣官房参事官 命 個人番号企画室長事務取扱　令和元年7月　総務省大臣官房参事官 併任 企画課政策室長　令和3年7月　総務省自治行政局住民制度課長　令和4年6月　総務省自治行政局住民制度課長 併任 自治行政局参事官 併任 選挙部選挙課選挙制度調査室長事務取扱　令和4年8月　総務省自治行政局参事官 併任 選挙部政治資金課支出情報開示室長事務取扱 併任 選挙部選挙課選挙制度調査室長事務取扱
令和5年7月　総務省自治行政局選挙部政治資金課長 併任 選挙部選挙課選挙制度調査室長事務取扱

企業債発行額の状況（令和3年度）

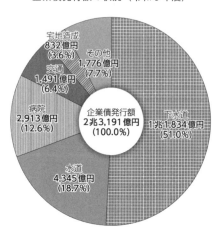

宅地造成
832億円
（3.6%）

その他
1,776億円
（7.7%）

交通
1,491億円
（6.4%）

病院
2,913億円
（12.6%）

企業債発行額
2兆3,191億円
（100.0%）

下水道
1兆1,834億円
（51.0%）

水道
4,345億円
（18.7%）

（注）公営企業型地方独立行政法人においては、長期借入金額を計上している。

「令和5年地方財政白書」より

総務省自治財政局長
Director-General of the Local Public Finance
Bureau

大 沢　　博（おおさわ　ひろし）

昭和42年8月19日生. 岩手県出身.
東京大学法学部

平成 2 年 4 月　自治省入省（行政局公務員部給与課）
平成17年 4 月　総務省自治財政局財政課理事官
平成18年 4 月　総務省自治財政局財政課財政企画官
平成19年 7 月　福井県総務部長
平成21年 8 月　内閣府地方分権改革推進室企画官
平成23年 7 月　総務省大臣官房政策評価広報課広報室長
平成24年 9 月　内閣官房長官秘書官事務取扱
平成24年12月　総務省自治財政局公営企業課準公営企業室長
平成27年 7 月　総務省自治財政局交付税課長
平成29年 7 月　総務省自治財政局財政課長
令和 2 年 7 月　内閣官房内閣審議官（内閣官房副長官補付）命 内閣官房
　　　　　　　　沖縄連絡室室員 命 内閣官房番号制度推進室審議官 命 内
　　　　　　　　閣官房ギャンブル等依存症対策推進本部事務局審議官
令和 4 年 6 月　総務省自治行政局公務員部長
令和 5 年 7 月　総務省自治財政局長

総務省大臣官房審議官（財政制度・財務担当）

濱　田　厚　史 (はまだ　あつし)

昭和43年 5 月24日生. 大分県出身.
東京大学法学部

平成 4 年 4 月	自治省入省
平成15年 6 月	さいたま市総括参事・市長公室政策調整監事務取扱
平成17年 4 月	総務省自治財政局地方債課課長補佐
平成18年 4 月	香川県政策部次長兼政策部政策調整監・総務部防災局参事
平成20年 4 月	香川県商工労働部長
平成22年 4 月	日本消防協会国際部長
平成22年 8 月	総務省自治行政局地域自立応援課地域振興室長
平成24年 4 月	金沢市副市長
平成28年 4 月	総務省自治行政局選挙部政治資金課支出情報開示室長兼選挙課選挙制度調査室長
平成29年 7 月	内閣官房副長官補付内閣参事官 兼 内閣府地方創生推進室参事官 兼 地方創生推進事務局参事官（地域再生担当）
平成30年 4 月	長崎県統轄監
令和 2 年 4 月	地方公務員共済組合連合会事務局長
令和 4 年 6 月	自動車安全運転センター理事
令和 5 年 7 月	総務省大臣官房審議官（財政制度・財務担当）

総務省大臣官房審議官（公営企業担当）

中 井 幹 晴（なかい　みきはる）

昭和44年11月12日生．大阪府出身．A型
大阪教育大学教育学部附属高等学校天王寺校舎，東京大学法学部，
東京大学大学院法学政治学研究科

平成 4 年 4 月	自治省入省
平成 4 年 7 月	静岡県市町村課、財政課
平成 6 年 4 月	自治省大臣官房総務課（東京大学大学院法学政治学研究科修士課程）
平成 7 年 4 月	自治省行政局公務員部給与課
平成 7 年 5 月	自治省行政局公務員部公務員課高齢対策室
平成 8 年 6 月	経済協力開発機構（OECD）地域開発部
平成10年 6 月	大蔵省金融企画局信用課信用機構室課長補佐
平成12年 6 月	自治省消防庁救急救助課課長補佐
平成13年 1 月	総務省大臣官房秘書課秘書専門官
平成14年 1 月	総務省消防庁防災課災害対策官 兼 防災課課長補佐
平成14年 7 月	京都府総務部地方課長
平成16年 7 月	総務省自治税務局都道府県税課課長補佐
平成17年 4 月	徳島県吉野川市助役
平成19年 4 月	総務省自治行政局合併推進課行政体制整備室理事官 兼 合併推進課理事官 兼 市町村課本人確認情報保護専門官
平成20年 7 月	防衛省防衛政策局防衛政策課防衛部員
平成22年 7 月	静岡市財政局長
平成25年 4 月	日本司法支援センター本部第一事業部情報提供課長
平成27年 4 月	総務省消防庁国民保護・防災部防災課広域応援室長
平成28年 6 月	総務省自治行政局地域自立応援課過疎対策室長 兼 大臣官房総務課復旧復興支援室長
平成29年 7 月	総務省行政管理局管理官（農水、防衛、公取委等担当）兼 内閣官房内閣人事局内閣参事官（行政組織担当）
令和元年 8 月	総務省行政評価局評価監視官（財務、文部科学等担当）
令和 3 年 7 月	日本郵便株式会社地方創生推進部長
令和 4 年 6 月	日本郵便株式会社執行役員 兼 地方創生推進部長
令和 5 年 7 月	総務省大臣官房審議官（公営企業担当）

自治財政局

総務省自治財政局財政課長
Director of the Local Public Finance Division

新 田 一 郎 (にった　いちろう)

昭和46年8月14日生. 愛媛県出身.
桐蔭学園，東京大学法学部

平成6年4月	自治省入省　平成6年7月　岩手県総務部地方振興課
平成11年7月	大阪府池田市政策推進部長
平成18年7月	京都府財政課長
平成20年7月	総務省自治行政局行政体制整備室課長補佐
平成21年4月	総務省自治行政局合併推進課課長補佐
平成22年4月	総務省自治行政局行政課理事官
平成23年4月	総務省自治行政局行政課行政企画官
平成24年6月	兼 総務省大臣官房総務課復旧復興支援室長
平成24年11月	富山県経営管理部長
平成28年4月	富山県知事政策局長 兼 危機管理監
平成29年4月	総務省自治財政局財政課参事官
平成29年7月	総務省大臣官房広報室長
令和元年7月	総務省自治財政局調整課長
令和3年7月	総務省自治財政局地方債課長
令和4年6月	総務省自治財政局財政課長

総務省自治財政局調整課長

梶 元 伸 (かじ　もとのぶ)

一橋大学法学部

平成9年4月	自治省入省
平成19年4月	新潟県総務管理部財政課長
平成21年4月	総務省官房企画課課長補佐
平成21年7月	総務省自治行政局地域自立応援課課長補佐
平成22年4月	総務省自治財政局調整課課長補佐
平成24年4月	総務省自治財政局財政課課長補佐
平成25年4月	総務省自治財政局財政課理事官
平成26年7月	総務省自治財政局財政課財政企画官
平成27年4月	高知県総務部長
平成30年7月	総務省自治行政局地域自立応援課過疎対策室長
令和3年8月	内閣官房内閣総務官室内閣参事官
令和5年7月	総務省自治財政局調整課長

総務省自治財政局交付税課長
Director of the Local Allocation Tax Division

赤 岩 弘 智 （あかいわ　ひろとも）

昭和48年9月21日生．群馬県出身．
東京大学法学部

平成8年4月	自治省入省
平成21年4月	総務省自治財政局地方債課課長補佐
平成23年4月	総務省自治財政局地方債課理事官
平成24年4月	総務省大臣官房政策評価広報課企画官
平成24年10月	総務省大臣官房付（大臣秘書官事務取扱）
平成24年12月	総務省大臣官房付 併任 自治財政局公営企業課
平成25年4月	福岡市財政局財政部長
平成26年4月	福岡市財政局長
平成30年4月	自治体国際化協会審議役
平成30年7月	自治体国際化協会シドニー事務所長
令和4年6月	総務省大臣官房付
令和4年7月	総務省自治財政局交付税課長

総務省自治財政局地方債課長
Director of the Local Bond Division

神 門 純 一 （ごうど　じゅんいち）

昭和45年9月18日生．島根県出身．
島根県立大社高校，京都大学工学部，
京都大学大学院工学研究科

平成7年4月	自治省入省
平成18年4月	鳥取県総務部次長（総務部財政課長）
平成20年4月	総務省自治財政局財政課課長補佐
平成22年4月	総務省自治税務局固定資産税課理事官
平成22年8月	浜松市企画部長
平成23年4月	浜松市財務部長
平成25年7月	内閣府男女共同参画局総務課企画官
平成27年4月	岐阜県秘書政策審議監
平成28年4月	岐阜県清流の国推進部長
平成29年4月	岐阜県副知事
令和元年7月	総務省自治行政局地域政策課地域情報政策室長
令和3年7月	総務省自治財政局調整課長
令和4年6月	総務省自治財政局地方債課長

自治財政局

総務省自治財政局公営企業課長
Director of the Local Public Enterprise Division

末 永 洋 之（すえなが　ひろゆき）

昭和47年7月21日生.　山口県出身.
東京大学経済学部

平成7年4月	自治省入省
平成18年4月	岡山県倉敷市総合政策局長
平成21年7月	総務省自治税務局市町村税課課長補佐
平成22年4月	総務省自治税務局都道府県税課課長補佐
平成23年5月	総務省自治税務局企画課税務企画官
平成24年4月	鳥取県福祉保健部子育て王国推進局長
平成25年4月	鳥取県総務部長
平成27年4月	内閣府政策統括官（沖縄政策担当）付参事官（政策調整担当）付企画官
平成29年7月	内閣官房副長官補付内閣参事官
令和元年7月	内閣府地方分権改革推進室参事官
令和3年7月	栃木県副知事
令和5年7月	総務省自治財政局公営企業課長

総務省自治財政局財務調査課長
Director of the Financial Management Division

犬 丸 　 淳（いぬまる　あつし）

昭和49年10月21日生.　東京都出身.
桐蔭学園，東京大学法学部

平成9年4月	自治省入省
平成19年4月	静岡県空港部利用推進室長
平成21年4月	静岡県総務部財務局財政室長
平成22年4月	総務省自治財政局財政課課長補佐
平成23年4月	総務省自治行政局公務員部福利課課長補佐
平成24年8月	総務省自治行政局公務員部福利課理事官
平成25年7月	財団法人自治体国際化協会ニューヨーク事務所上席調査役
平成28年4月	島根県環境生活部長
平成30年4月	島根県総務部長
令和2年4月	地方公共団体情報システム機構個人番号センター副センター長
令和3年8月	総務省自治財政局公営企業課準公営企業室長
令和4年7月	環境省大臣官房地域脱炭素事業推進課長
令和5年7月	総務省自治財政局財務調査課長

主要著書　「自治体破綻の財政学－米国デトロイトの経験と日本への教訓」（日本経済評論社、2017年）

総務省自治税務局長
Director-General of the Local Tax Bureau

池　田　達　雄 （いけだ　たつお）

昭和42年5月1日生．大阪府出身．
洛星高校，東京大学法学部

平成2年4月	自治省入省
平成2年7月	新潟県総務部地方課
平成4年4月	外務省経済協力局国際機構課
平成6年4月	自治省財政局公営企業第一課
平成7年5月	秋田県企画調整課、福祉企画課長、秘書課長、財政課長
平成13年4月	総務省行政評価局評価監視調査官
平成15年4月	総務省大臣官房秘書課課長補佐
平成16年4月	総務省自治税務局固定資産税課課長補佐
平成17年4月	総務省自治税務局固定資産税課理事官
平成18年4月	総務省自治税務局企画課税務企画官
平成19年4月	埼玉県環境部長、企画財政部長
平成23年4月	総務省大臣官房参事官（自治財政局財政課）
平成23年12月	併任 復興特別交付税室長
平成24年10月	内閣府地方分権改革推進室参事官
平成27年7月	総務省総合通信基盤局電気通信事業部高度通信網振興課長
平成28年6月	総務省自治税務局市町村税課長
平成30年4月	総務省自治税務局都道府県税課長
平成31年4月	総務省自治税務局企画課長
令和2年4月	内閣官房内閣審議官（内閣官房副長官補付）命 内閣官房新型コロナウイルス感染症対策推進室審議官
令和3年7月	総務省大臣官房審議官（財政制度・財務担当）
令和4年6月	総務省大臣官房審議官（税務担当）
令和5年1月	総務省自治税務局長

自治税務局

総務省大臣官房審議官（税務担当）
Deputy Director-General of Minister's
Secretariat (Local tax)

鈴 木 清（すずき きよし）

昭和44年2月23日生．京都府出身．
東京大学法学部

平成4年4月	自治省入省
平成4年7月	愛知県総務部地方課
平成5年7月	消防庁危険物規制課
平成6年7月	自治省大臣官房総務課
平成8年6月	自治省税務局市町村税課
平成10年4月	千葉県地方課主幹 兼 地域政策課主幹（11年4月　水政課長）
平成13年4月	総務省消防庁消防課課長補佐
平成14年4月	栃木県自然環境課長（16年4月　財政課長）
平成18年4月	総務省自治財政局地方債課課長補佐
平成19年4月	総務省自治財政局地方債課理事官
平成20年4月	総務省自治財政局公営企業課理事官
平成21年4月	総務省大臣官房秘書課課長補佐 併任 内閣官房内閣総務官室総理大臣官邸事務所
平成23年8月	総務省自治行政局公務員部公務員課高齢対策室長
平成24年4月	広島県総務局長
平成27年4月	内閣官房内閣人事局参事官
平成29年7月	総務省自治行政局地域自立応援課長
平成30年4月	総務省自治税務局市町村税課長
令和元年7月	北九州市副市長
令和4年7月	地方公共団体金融機構理事
令和5年1月	総務省大臣官房審議官（税務担当）

総務省自治税務局企画課長
Director of the Local Tax Planning Division

山 口 最 文 （やまぐち　よしたけ）

昭和44年10月25日生.　千葉県出身.
東京大学法学部

平成 5 年 4 月	自治省入省
平成19年 8 月	総務省自治税務局市町村税課課長補佐
平成20年 4 月	総務省自治税務局市町村税課理事官
平成20年 7 月	総務省自治税務局固定資産税課理事官
平成21年 4 月	総務省自治税務局企画課税務企画官
平成22年 7 月	松山市副市長
平成26年 7 月	総務省消防庁消防・救急課救急企画室長
平成28年 6 月	兵庫県企画県民部政策創生部長
平成30年 4 月	兵庫県企画県民部長
令和元年 8 月	全国市町村職員共済組合連合会事務局長
令和 2 年 7 月	総務省自治税務局固定資産税課長
令和 3 年 7 月	総務省自治税務局都道府県税課長
令和 4 年 6 月	総務省自治税務局企画課長

総務省自治税務局都道府県税課長
Director of the Prefectural Tax Planning Division

市 川 靖 之 （いちかわ　やすゆき）

昭和47年 7 月30日生.　埼玉県出身.
早稲田大学政経学部

平成 8 年 4 月	自治省入省　平成18年 4 月　熊本県総務部財政課長
平成20年 4 月	総務省自治行政局選挙部政治資金課長補佐
平成22年 7 月	総務省大臣官房総務課長補佐
平成23年 4 月	総務省自治税務局企画課長補佐
平成24年 4 月	総務省自治税務局企画課税務企画官
平成25年 7 月	和歌山県総務部長
平成28年 7 月	総務省自治税務局都道府県税課税務管理官
平成30年 4 月	総務省自治行政局公務員部公務員課給与能率推進室長
平成31年 4 月	総務省自治税務局企画課企画官
令和元年 7 月	内閣官房内閣参事官（内閣官房副長官補付）
令和 3 年 8 月	総務省自治財政局財務調査課長
令和 3 年10月	内閣官房内閣参事官（内閣官房副長官補付）命 内閣官房新しい資本主義実現本部事務局参事官
令和 4 年 6 月	総務省自治税務局固定資産税課長
令和 5 年 1 月	総務省自治税務局都道府県税課長

自治税務局

総務省自治税務局市町村税課長
Director of the Municipal Tax Planning Division

寺 田 雅 一（てらだ　まさかず）
昭和47年5月17日生．滋賀県出身．
東京大学法学部

平成8年4月	自治省入省
平成24年4月	総務省自治行政局行政課地方議会企画官
平成25年7月	総務省自治行政局行政課行政企画官
平成26年7月	鹿児島県総務部長
平成30年4月	総務省自治行政局住民制度課個人番号カード企画官　併任　自治行政局住民制度課外国人住民基本台帳室長
令和元年7月	総務省大臣官房参事官　命　個人番号企画室長事務取扱
令和2年3月	地方公共団体情報システム機構住民基本台帳ネットワークシステム全国センター副センター長　兼　新システム開発部長事務取扱
令和4年8月	総務省自治行政局住民制度課長
令和5年7月	総務省自治税務局市町村税課長

総務省自治税務局固定資産税課長
Director of the Fixed Property Tax Division

水 野 敦 志（みずの　あつし）
昭和50年3月23日生．岐阜県出身．
一橋大学法学部

平成9年4月	自治省入省
平成24年4月	総務省自治財政局調整課課長補佐
平成24年8月	総務省自治財政局調整課理事官
平成26年1月	総務省自治財政局財政課財政企画官
平成26年7月	埼玉県川口市副市長
平成30年7月	総務省自治行政局地域自立応援課地域振興室長　兼　人材力活性化・連携交流室長
平成30年12月	内閣官房内閣官房副長官補付内閣参事官
令和2年4月	総務省自治財政局公営企業課準公営企業室長
令和3年8月	内閣官房内閣参事官（内閣官房副長官補付）併任　内閣官房令和4年物価・賃金・生活総合対策世帯給付金及び令和3年経済対策世帯給付金等事業企画室参事官
令和5年7月	総務省自治税務局固定資産税課長

総務省国際戦略局長
Director-General of the Global Strategy
Bureau

田 原 康 生 (たわら　やすお)

昭和38年 7 月 8 日生. 千葉県出身.
銚子市立銚子高校, 慶應義塾大学理工学部計測工学科,
慶應義塾大学大学院理工学研究科

昭和63年 4 月	郵政省入省
平成 7 年 7 月	郵政省通信政策局技術政策課標準化推進室課長補佐
平成 9 年 7 月	郵政省電気通信局電波部移動通信課無線局検査官
平成12年 7 月	郵政省電気通信局電波部計画課周波数調整官
平成13年 1 月	総務省大臣官房企画課課長補佐
平成14年 7 月	内閣官房情報通信技術（IT）担当室主幹
平成15年 8 月	総務省東北総合通信局情報通信部長
平成16年 7 月	独立行政法人情報通信研究機構総務部統括
平成18年 7 月	総務省情報通信政策局技術政策課研究推進室長
平成20年 7 月	総務省総合通信基盤局電気通信事業部電気通信技術システム課長
平成22年 7 月	総務省総合通信基盤局電波部移動通信課長
平成25年 6 月	総務省情報通信国際戦略局技術政策課長
平成26年 7 月	総務省総合通信基盤局電波部電波政策課長
平成29年 7 月	総務省九州総合通信局長
平成30年 7 月	総務省総合通信基盤局電波部長
令和 2 年 7 月	総務省サイバーセキュリティ統括官
令和 3 年 7 月	総務省国際戦略局長

国際戦略局

総務省国際戦略局次長
Director-General for International Affairs

野 村 栄 悟 （のむら　えいご）

昭和45年 1 月17日生．東京都出身．
東京都立戸山高校，東京大学経済学部

平成 4 年	通産省入省（産業政策局産業構造課）
平成21年 6 月	日本貿易振興機構ウィーン事務所
平成23年 7 月	財務省大臣官房企画官 兼 関税局関税課
平成24年 8 月	内閣府宇宙戦略室参事官
平成26年 7 月	経済産業省商務流通保安グループ流通政策課長（併）大規模小売店舗立地法相談室長（併）物流企画室長
平成28年 6 月	原子力損害賠償・廃炉等支援機構執行役員
平成30年 6 月	復興庁統括官付参事官
令和 2 年 7 月	内閣官房まち・ひと・しごと創生本部事務局参事官
令和 3 年11月	内閣官房デジタル田園都市国家構想実現会議事務局参事官
令和 4 年 7 月	経済産業省特許庁審査業務部長（併）中小企業知財戦略支援総合調整官
令和 5 年 7 月	総務省国際戦略局次長

総務省大臣官房審議官（国際技術、サイバーセキュリティ担当）
Deputy Director-General for ICT R&D and Cyber Security Policy

豊 嶋 基 暢（とよしま　もとのぶ）
昭和42年12月生．北海道出身．
京都大学法学部

平成 3 年 4 月	郵政省入省
平成 8 年 7 月	釧路西郵便局長
平成 9 年 7 月	郵政省電気通信局電気通信事業部事業政策課補佐
平成12年 7 月	郵政総括政務次官秘書官事務取扱
平成13年 1 月	総務副大臣秘書官事務取扱
平成14年 1 月	総務省郵政企画管理局保険企画課補佐
平成15年 2 月	総務省総合通信基盤局電波部電波政策課補佐
平成17年 8 月	総務省総合通信基盤局総務課補佐（統括補佐）
平成19年 4 月	慶應義塾大学メデイアコミュニケーション研究所准教授
平成22年 4 月	総務省総合通信基盤局電波部移動通信課高度道路交通システム推進官
平成25年 8 月	文部科学省生涯学習政策局情報教育課長
平成27年 8 月	総務省情報流通行政局情報通信作品振興課長
平成30年 7 月	総務省総合通信基盤局電波部基幹・衛星移動通信課長　併任 消防庁国民保護・防災部参事官
令和元年 7 月	総務省情報流通行政局放送政策課長
令和 2 年 7 月	総務省情報流通行政局情報通信政策課長
令和 3 年 7 月	総務省北海道総合通信局長
令和 4 年 6 月	総務省総合通信基盤局電波部長
令和 5 年 7 月	総務省大臣官房審議官（国際技術、サイバーセキュリティ担当）

国際戦略局

総務省国際戦略局国際戦略課長
Deputy Director-General for Global Strategy

井 幡 晃 三（いばた　こうぞう）

昭和44年11月17日生．京都府出身．
洛星高校，東京大学法学部

平成 5 年 4 月	郵政省入省
平成20年 7 月	総務省大臣官房秘書課長補佐
平成21年 7 月	総務省総合通信基盤局電気通信事業部事業政策課市場評価企画官
平成22年 9 月	総務省大臣官房付 兼 大臣秘書官事務取扱
平成23年 8 月	総務省情報流通行政局放送政策課調査官
平成24年 7 月	総務省情報流通行政局放送政策課企画官
平成25年 7 月	総務省情報流通行政局情報流通振興課企画官
平成27年 7 月	総務省情報流通行政局情報通信作品振興課放送コンテンツ海外流通推進室長
平成29年 7 月	総務省情報流通行政局衛星・地域放送課長
令和元年 7 月	総務省情報流通行政局地上放送課長
令和 2 年 7 月	総務省情報流通行政局放送政策課長
令和 3 年 7 月	国立研究開発法人情報通信研究機構総務部副部長 兼 オープンイノベーション推進本部デプロイメント推進部門長
令和 4 年 6 月	総務省情報通信政策研究所長
令和 5 年 7 月	総務省国際戦略局国際戦略課長

総務省国際戦略局技術政策課長
Director, Technology Policy Division

川 野 真 稔（かわの　まさとし）

神奈川県出身．
京都大学大学院工学研究科（電子工学専攻）

平成 7 年 4 月	郵政省採用
平成24年 7 月	総務省情報流通行政局郵政行政部郵便課国際企画室長
平成27年 6 月	外務省在アメリカ合衆国日本国大使館参事官
平成30年 7 月	総務省情報流通行政局情報通信政策課調査官
令和 2 年 7 月	総務省総合通信基盤局電気通信事業部料金サービス課長
令和 4 年 6 月	総務省国際戦略局技術政策課長

総務省国際戦略局通信規格課長
Director, ICT Standardization Division

中 越 一 彰 （なかこし　かずあき）

令和4年6月　内閣官房内閣参事官（内閣サイバーセキュリティセンター）併任 内閣官房副長官補付
令和5年7月　総務省国際戦略局通信規格課長

総務省国際戦略局宇宙通信政策課長
Director, Space Communications Policy Division

扇 　慎太郎 （おおぎ　しんたろう）
神奈川県出身.
東京大学経済学部

平成12年4月　郵政省入省
平成25年7月　総務省情報通信国際戦略局情報通信政策課課長補佐 兼参事官補佐
平成27年7月　総務省総合通信基盤局電気通信事業部データ通信課インターネットドメイン利用推進官
平成29年7月　国立研究開発法人情報通信研究機構欧州連携センター長
令和2年7月　内閣官房内閣サイバーセキュリティセンター企画官
令和4年6月　総務省情報流通行政局参事官付企画官
令和5年7月　総務省国際戦略局宇宙通信政策課長

国際戦略局

総務省国際戦略局国際経済課長
Deputy Director-General for International Economic Affairs

岡　本　剛　和（おかもと　よしかず）

昭和46年2月22日生．兵庫県出身．
高槻高等学校，大阪大学法学部，
大阪大学大学院国際公共政策研究科修了，
ロンドンスクールオブエコノミクス開発学科修了

平成 8 年 4 月	郵政省入省
平成16年 7 月	経済協力開発機構科学技術産業局情報・コンピュータ・通信政策課エコノミスト
平成19年 7 月	総務省総合通信基盤局電気通信事業部料金サービス課課長補佐
平成21年 7 月	総務省情報通信国際戦略局参事官補佐（通信・放送総合戦略担当）
平成22年 7 月	総務省情報流通行政局放送政策課課長補佐
平成23年 7 月	総務省情報流通行政局郵政行政部企画課統括補佐
平成24年 4 月	東京大学大学院情報学環准教授
平成26年 7 月	内閣官房情報通信技術（ＩＴ）総合戦略室企画官
平成28年 1 月	個人情報保護委員会事務局企画官
平成29年 7 月	総務省総合通信基盤局電気通信事業部消費者行政第二課企画官
令和元年 7 月	総務省国際戦略局国際経済課多国間経済室長　併任　国際政策課デジタル国際戦略室長
令和 3 年 7 月	内閣官房デジタル市場競争本部事務局参事官
令和 5 年 7 月	総務省国際戦略局国際経済課長

総務省国際戦略局国際展開課長
Deputy Director-General for International Digital Infrastructure Promotion

嶋　田　信　哉（しまだ　しんや）

昭和51年11月7日生．京都府出身．
京都共栄学園，東京大学法学部，
ノースウェスタン大学ロースクール

平成12年 4 月	郵政省入省
平成18年 8 月	総務省総合通信基盤局総務課課長補佐（法令担当）
平成21年 8 月	総務省情報通信国際戦略局参事官補佐（通信・放送総合担当）
平成22年 6 月	経済協力開発機構日本政府代表部一等書記官
平成25年 6 月	総務省情報通信国際戦略局国際経済課課長補佐
平成26年 8 月	総務省情報通信国際戦略局国際政策課課長補佐
平成27年 8 月	総務省大臣官房企画課課長補佐
平成28年 6 月	一般財団法人マルチメディア振興センターワシントン事務所長
令和元年 7 月	株式会社オリエンタルコンサルタンツグローバル海外組織統括部米国事業担当部長 兼 i-Probe Inc.最高戦略責任者
令和 5 年 4 月	総務省国際戦略局国際展開課長

総務省国際戦略局国際協力課長
Deputy Director-General for International Cooperation

寺 村 行 生 （てらむら　ゆきお）

昭和49年3月10日生．石川県出身．
金沢大学教育学部附属高等学校，東京大学経済学部

平成9年4月	郵政省入省
平成28年7月	内閣官房日本経済再生事務局企画官
平成30年7月	総務省情報流通行政局情報通信政策課企画官
令和元年7月	日本郵便株式会社国際事業部企画役
令和3年10月	総務省情報流通行政局郵政行政部信書便事業課長
令和4年7月	総務省国際戦略局国際協力課長
令和4年11月	総務省国際戦略局国際展開課長を併任（〜令和5年4月）

総務省国際戦略局参事官

山 路 栄 作 （やまじ　えいさく）

昭和47年1月14日生．岡山県出身．
慶應義塾大学 経済学部

平成6年4月	郵政省入省
平成23年7月	総務省総合通信基盤局電気通信技術システム課企画官 兼安全・信頼性対策室長
平成24年7月	独立行政法人情報通信研究機構北米連携センター長
平成26年7月	総務省情報通信国際戦略局情報通信政策課調査官
平成28年6月	内閣官房内閣参事官（内閣官房副長官補付）命 内閣官房情報通信技術（IT）総合戦略室参事官
平成30年7月	総務省総合通信基盤局データ通信課長
令和元年10月	内閣官房内閣参事官（国家安全保障局）を併任
令和2年4月	総務省総合通信基盤局データ通信課長の併任解除
令和4年6月	総務省情報流通行政局情報通信政策課長
令和5年7月	総務省国際戦略局参事官

総務省情報流通行政局長
Director-General of the Information and
Communications Bureau

小笠原　陽　一（おがさわら　よういち）

昭和38年7月6日生．東京都出身．
国立筑波大学附属駒場高校，東京大学法学部

昭和63年4月	郵政省入省（大臣官房人事局要員訓練課）
平成14年7月	総務省大臣官房企画課課長補佐
平成15年10月	総務省情報通信政策局地上放送課デジタル放送推進官
平成16年7月	総務省情報通信政策局放送政策課企画官
平成18年8月	総務省情報通信政策局コンテンツ流通促進室長
平成19年10月	総務省情報通信政策局情報通信作品振興課長
平成20年7月	総務省情報流通行政局情報通信作品振興課長
平成21年7月	総務省情報通信国際戦略局通信規格課長
平成23年7月	総務省情報流通行政局衛星・地域放送課長
平成25年6月	総務省情報流通行政局情報流通振興課長
平成26年1月	総務省情報通信国際戦略局情報通信政策課長
平成29年7月	総務省総合通信基盤局総務課長
平成30年7月	総務省大臣官房企画課長 命 国立国会図書館支部総務省図書館長
令和元年7月	経済産業省大臣官房審議官（IT戦略担当）
令和3年7月	総務省関東総合通信局長
令和4年6月	総務省情報流通行政局長

総務省大臣官房審議官（情報流通行政局担当）
Deputy Director-General for Broadcasting

山 碕 良 志（やまざき　りょうじ）

昭和42年10月4日生生．愛知県出身．
愛知県立千種高等学校，東京大学法学部

平成 3 年 4 月	郵政省入省
平成 9 年 7 月	福岡市総務企画局企画調整部課長（高度情報化担当）
平成19年10月	総務省郵政行政局企画課管理室長
平成20年 7 月	総務省情報通信国際戦略局情報通信政策課調査官
平成20年 9 月	総務大臣秘書官事務取扱
平成21年 9 月	総務省情報流通行政局郵政行政部企画課調査官
平成21年10月	内閣官房郵政改革推進室企画官
平成24年 7 月	総務省情報流通行政局情報流通振興課情報セキュリティ対策室長
平成26年 1 月	総務省情報流通行政局郵政行政部郵便課長
平成27年 7 月	総務省情報流通行政局地域通信振興課長
平成28年 6 月	総務省情報通信国際戦略局国際政策課長
平成29年 9 月	総務省国際戦略局国際政策課長
平成30年 7 月	総務省総合通信基盤局電気通信事業部事業政策課長
令和 2 年 4 月	総合通信基盤局電気通信事業部データ通信課長を併任
令和 2 年 7 月	総務省大臣官房参事官（秘書課担当）
令和 4 年 6 月	総務省大臣官房審議官（情報流通行政局担当）

情報流通行政局

総務省大臣官房審議官（情報流通行政局担当）
Deputy Director-General of the Information and Communications
Bureau

西　泉　彰　雄（にしいずみ　あきお）

昭和45年 9 月14日生.
慶應義塾大学法学部

平成 5 年 4 月	自治省入省
平成20年 4 月	総務省自治大学校教授
平成20年 8 月	東北大学大学院法学研究科准教授
平成22年 8 月	総務省情報流通行政局地域通信振興課地方情報化推進室長
平成24年 8 月	防衛省地方協力局周辺環境整備課施設調整官
平成26年 7 月	松山市副市長
平成30年 7 月	内閣官房内閣参事官（命）内閣官房拉致問題対策本部事務局総務・拉致被害者等支援室長
令和 2 年 7 月	国土交通省航空局航空ネットワーク部空港業務課長
令和 3 年 4 月	全国市町村職員共済組合連合会事務局長
令和 5 年 7 月	総務省大臣官房審議官（情報流通行政局担当）

総務省情報流通行政局総務課長 併任 衛星・地域放送課長
Director, General Affairs Division

金　澤　直　樹 （かなざわ　なおき）

愛知県出身.
東京大学経済学部

平成7年4月　郵政省入省
平成24年7月　復興庁企画官
平成26年7月　総務省情報流通行政局衛星・地域放送課国際放送推進室長
平成28年7月　総務省総合通信基盤局電波部移動通信課移動通信企画官
平成30年4月　総務省総合通信基盤局電波部電波政策課企画官
令和元年7月　総務省情報流通行政局地域通信振興課地方情報化推進室長
令和2年4月　総務省情報流通行政局地域通信振興課デジタル経済推進
　　　　　　　室長
令和2年7月　総務省情報流通行政局地域通信振興課長
令和4年6月　消費者庁総務課長
令和5年7月　総務省情報流通行政局総務課長
令和5年9月　衛星・地域放送課長を併任

総務省情報流通行政局情報通信政策課長
Director, Information and Communications Policy Division

田　邊　光　男 （たなべ　みつお）

千葉県出身.

平成7年4月　郵政省入省
令和3年9月　デジタル庁統括官付参事官等
令和4年6月　総務省情報流通行政局情報流通振興課長
令和5年9月　総務省情報流通行政局情報通信政策課長

情報流通
行政局

総務省情報流通行政局情報流通振興課長
Director, Digital Inclusion and Accessibility Division

大 澤　　健 （おおさわ　けん）

昭和51年9月2日生．神奈川県出身．
東京大学経済学部

平成12年4月	郵政省入省
平成30年8月	総務省情報流通行政局国際放送推進室長
令和元年9月	総務大臣秘書官事務取扱
令和2年1月	国立研究開発法人情報通信研究機構総務部統括
令和2年9月	内閣官房情報通信技術(ＩＴ)総合戦略室（デジタル改革関連法案準備室）企画官
令和3年9月	デジタル庁統括官付参事官（戦略企画・デジタル臨調担当）
令和5年9月	総務省情報流通行政局情報流通振興課長

総務省情報流通行政局情報通信作品振興課長
Director,Promotion for Content Distribution Division

飯 村　由香理 （いいむら　ゆかり）

昭和51年8月25日生．石川県出身．
慶應義塾大学法学部

平成11年4月	郵政省入省
平成28年7月	ヤフー株式会社
平成30年7月	総務省情報流通行政局情報流通振興課情報流通高度化推進室長
令和2年7月	総務省総合通信基盤局電気通信事業部事業政策課市場評価企画官
令和4年6月	内閣官房内閣人事局参事官（デジタル化推進、調整・調査、服務・ハラスメント防止、福利厚生）
令和5年7月	総務省情報流通行政局情報通信作品振興課長

総務省情報流通行政局地域通信振興課長 併任 沖縄情報通信振興室長
Director, Regional Communication Development Division ／ Director, Okinawa Information and Communications Promotion Office

佐々木　明　彦（ささき　あきひこ）

昭和53年９月26日生．東京都出身．
慶應義塾大学法学部法律学科，

平成13年４月　総務省入省
平成19年７月　総務省情報流通行政局国際放送推進室課長補佐
平成20年７月　外務省在上海日本国総領事館領事
平成23年７月　総務省情報通信国際戦略局国際協力課課長補佐
平成24年７月　総務省情報流通行政局郵政行政部国際企画室課長補佐
平成26年７月　総務省情報流通行政局地上放送課課長補佐
平成26年９月　総務副大臣秘書官
平成27年10月　総務省情報流通行政局貯金保険課課長補佐
平成28年７月　総務省大臣官房総務課課長補佐
平成30年７月　国立研究開発法人情報通信研究機構北米連携センター長
令和３年７月　総務省国際戦略局国際経済課多国間経済室長 併任 内閣官房ＴＰＰ等政府対策本部交渉官
令和５年７月　総務省情報流通行政局地域通信振興課長 併任 沖縄情報通信振興室長

総務省情報流通行政局放送政策課長
Director, Broadcasting Policy Division

飯　倉　主　税（いいくら　ちから）

昭和47年１月８日生．大阪府出身．
京都大学経済学部

平成７年４月　郵政省採用
平成13年７月　総務省総合通信基盤局電気通信事業部料金サービス課課長補佐
平成17年８月　和歌山県企画部ＩＴ推進局情報政策課長
平成18年９月　総務副大臣秘書官
平成20年８月　総務省情報流通行政局地上放送課課長補佐
平成24年12月　総務大臣秘書官
平成27年７月　総務省情報流通行政局放送政策課企画官
平成29年７月　総務省情報流通行政局情報通信政策課調査官
令和２年７月　総務省情報流通行政局情報流通振興課長
令和３年７月　総務省情報流通行政局放送政策課長

総務省情報流通行政局放送技術課長
Director, Broadcasting Technology Division

山 口 修 治（やまぐち　しゅうじ）

平成 5 年 4 月	郵政省入省
平成25年 7 月	総務省総合通信基盤局電気通信事業部データ通信課企画官
平成27年 8 月	総務省情報通信国際戦略局通信規格課企画官
平成29年 7 月	内閣府本府宇宙開発戦略推進事務局参事官
令和元年 7 月	総務省国際戦略局通信規格課長
令和 2 年 7 月	総務省総合通信基盤局電波部電波環境課長
令和 3 年 7 月	国立研究開発法人情報通信研究機構イノベーション推進部門長
令和 5 年 7 月	総務省情報流通行政局放送技術課長

総務省情報流通行政局地上放送課長
Director, Terrestrial Broadcasting Division

佐 伯 宜 昭（さえき　たかあき）

平成 9 年 4 月	郵政省入省
平成22年 7 月	総務省情報流通行政局放送政策課課長補佐
平成24年 7 月	総務省情報流通行政局総務課課長補佐
平成25年 7 月	総務省情報通信国際戦略局国際政策課課長補佐
平成30年 7 月	総務省総合通信基盤局電気通信事業部事業政策課市場評価企画官
令和元年 7 月	総務省総合通信基盤局電気通信事業部電気通信技術システム課安全・信頼性対策室長
令和 2 年 7 月	総務省情報流通行政局情報通信政策課調査官
令和 3 年 7 月	内閣官房内閣参事官（内閣サイバーセキュリティセンター）併任 内閣官房副長官補付
令和 5 年 5 月	総務省情報流通行政局地上放送課長

総務省情報流通行政局参事官

山　野　哲　也（やまの　てつや）

平成30年 8 月　　総務省国際戦略局技術政策課企画官
令和 2 年 7 月　　総務省国際戦略局技術政策課研究推進室長
令和 3 年 7 月　　内閣官房IT総合戦略室参事官
令和 3 年 9 月　　デジタル庁統括官付参事官
令和 5 年 7 月　　総務省情報流通行政局参事官

公営企業の抜本的な改革の取組状況（令和 4 年 3 月31日時点）

事業廃止	民営化・民間譲渡	公営企業型地方独立行政法人	広域化等	指定管理者制度	包括的民間委託	PPP/PFI
100件	11件	1件	89件	7件	37件	16件

合計
261件

（注）　1　広域化等とは、事業統合をはじめ施設の共同化・管理の共同化などの広域的な連携、下水道事業における最適化などを含む概念。
　　　　　事業統合を行った場合は、統合される事業は事業廃止、統合する事業は広域化等として計上している。
　　　　2　民営化・民間譲渡又は広域化等に伴い他の事業に統合せずに事業廃止を行った場合は、1つの事業を事業廃止及び民営化・民間譲渡又は
　　　　　広域化等の2取組に計上している。

行政局

情報流通

総務省情報流通行政局郵政行政部長
Director-General of the Postal Services Policy Planning Department

玉　田　康　人 (たまだ　やすひと)
昭和40年4月10日生．兵庫県出身．
私立灘高校，東京大学法学部

平成2年4月	郵政省入省
平成18年8月	総務省郵政行政局郵便企画課国際企画室長
平成20年7月	総務省情報流通行政局地上放送課デジタル放送受信者支援室長
平成23年9月	総務省総合通信基盤局電気通信事業部消費者行政課長
平成26年7月	総務省情報通信国際戦略局国際経済課長
平成28年6月	総務省情報流通行政局衛星・地域放送課長
平成29年7月	内閣官房内閣参事官（内閣官房副長官補付）
令和元年7月	総務省情報流通行政局情報通信政策課長　併任　内閣官房副長官補付　命　内閣官房情報通信技術（IT）総合戦略室参事官　命　内閣官房デジタル市場競争評価体制準備室参事官
令和2年7月	総務省大臣官房総務課長
令和3年7月	株式会社海外通信・放送・郵便事業支援機構常務理事
令和5年7月	総務省情報流通行政局郵政行政部長

総務省情報流通行政局郵政行政部企画課長
Director, Planning Division

三　島　由　佳（みしま　ゆか）

兵庫県出身.
京都大学

平成 8 年 4 月	郵政省入省
平成26年 8 月	総務省電気通信紛争処理委員会事務局紛争処理調査官
平成28年 7 月	総務省情報流通行政局衛星・地域放送課企画官　併任　情報流通行政局放送政策課
令和元年 7 月	総務省情報流通行政局情報通信作品振興課長
令和 3 年 7 月	総務省政治資金適正化委員会事務局参事官
令和 4 年 6 月	デジタル庁統括官付参事官（デジタル社会共通機能グループ）
令和 5 年 7 月	総務省情報流通行政局郵政行政部企画課長

総務省情報流通行政局郵政行政部郵便課長
Director, Postal Policy Division

折　笠　史　典（おりかさ　ふみのり）

昭和52年 2 月24日生.
東京大学法学部

平成11年 4 月	郵政省入省
平成28年 7 月	復興庁統括官付参事官付企画官
平成30年 8 月	文部科学省初等中等教育局情報教育・外国語教育課情報教育振興室長
令和 2 年 7 月	総務省総合通信基盤局電波部電波環境課認証推進室長
令和 3 年 9 月	内閣官房国家安全保障局企画官　併任　内閣官房副長官補付企画官　命　内閣官房経済安全保障法制準備室企画官　併任　内閣府経済安全保障法制準備室企画官
令和 4 年 6 月	総務省情報流通行政局地域通信振興課長　併任　沖縄情報通信振興室長
令和 5 年 7 月	総務省情報流通行政局郵政行政部郵便課長

総務省情報流通行政局郵政行政部信書便事業課長
Director, Correspondence Delivery Business Division

藤 井 信 英 （ふじい　のぶひで）

昭和52年7月8日生．岐阜県出身．
東京大学経済学部

平成12年4月	郵政省入省
平成29年7月	内閣府政策統括官（沖縄政策担当）付参事官（企画担当）付企画官
令和元年7月	総務省情報流通行政局情報通信政策課情報通信経済室長
令和3年7月	総務省情報流通行政局情報流通振興課デジタル企業行動室長
令和4年7月	総務省情報流通行政局郵政行政部信書便事業課長

プラットフォーマーによって収集されているデータ項目例

データ項目	プラットフォーム			
	Google	Facebook	Amazon	Apple
名前	○	○	○	○
ユーザー名	－	－	○	－
IPアドレス	○	○	○	－
検索ワード	○	－	○	○
コンテンツの内容	－	○	－	－
コンテンツと広告表示の対応関係	○	○	－	－
アクティビティの時間や頻度、期間	○	○	－	○
購買活動	○	－	○	－
コミュニケーションを行った相手	○	○	－	－
サードパーティーアプリ等でのアクティビティ	○	－	－	－
閲覧履歴	○	－	○	－

(出典) Security.org「The Data Big Tech Companies Have On You」より、一部抜粋して作成

総務省総合通信基盤局長
Director-General of the Telecommunications
Bureau

今 川 拓 郎 (いまがわ　たくお)

昭和41年4月生．静岡県出身．
静岡県立清水東高校，東京大学教養学部，
東京大学大学院広域科学専攻，ハーバード大学（経済学博士）

平成2年4月	郵政省入省
平成5年7月	米国留学
平成12年7月	大阪大学大学院国際公共政策研究科助教授
平成17年8月	総務省総合通信基盤局事業政策課市場評価企画官
平成19年7月	総務省情報通信政策局総合政策課調査官
平成20年7月	総務省情報通信国際戦略局情報通信経済室長
平成21年7月	総務省情報流通行政局地上放送課企画官
平成24年8月	総務省情報流通行政局地域通信振興課長
平成27年7月	総務省情報流通行政局情報流通振興課長
平成29年9月	総務省情報流通行政局情報通信政策課長
令和元年7月	総務省総合通信基盤局総務課長
令和2年7月	総務省総合通信基盤局電気通信事業部長
令和3年7月	総務省情報流通行政局郵政行政部長
令和4年6月	総務省大臣官房長
令和5年7月	総務省総合通信基盤局長

総合通信
基盤局

総務省総合通信基盤局総務課長
Director, General Affairs Division

渋　谷　闘志彦 （しぶや　としひこ）

昭和46年11月21日生．埼玉県出身．
埼玉県立川越高校，早稲田大学政治経済学部政治学科，
英国ロンドン大学政治経済大学院

平成 6 年 4 月	郵政省入省
平成18年 5 月	在フランス日本国大使館一等書記官
平成22年 7 月	総務省情報流通行政局地上放送課企画官
平成23年 9 月	総務大臣秘書官事務取扱
平成24年10月	総務省情報通信国際戦略局情報通信政策課調査官
平成27年 7 月	総務省情報流通行政局情報流通振興課企画官
平成29年 7 月	総務省情報流通行政局情報流通振興課情報流通高度化推進室長
平成30年 7 月	総務省情報流通行政局情報通信作品振興課長
令和元年 7 月	金融庁監督局郵便保険監督参事官
令和 2 年 7 月	総務省情報流通行政局郵政行政部郵便課長
令和 3 年 7 月	内閣官房内閣参事官（内閣官房副長官補付）命 内閣官房情報通信技術（ＩＴ）総合戦略室次長
令和 3 年 9 月	内閣官房内閣参事官（内閣官房副長官補付）併任 デジタル庁統括官付参事官
令和 5 年 7 月	総務省総合通信基盤局総務課長

プラットフォーマーに対する訴追や調査の事例

概要	詳細
検索データを利用して他社のショッピングサイトの検索順位を低く表示（Google）	・2017年12月、欧州委員会は、ユーザーの検索データを用いて、自社のショッピングサービス「Google Shopping」を他社の類似サービスに比べて高い検索順位で表示しているとして、Googleを提訴。2021年11月には、欧州一般裁判所が欧州委員会の訴えを支持 ・2022年2月には、スウェーデンの価格比較サービスPriceRunnnerが、同様の理由でGoogleを提訴
自社製品の開発にAmazonを利用するサードパーティの販売者データを活用（Amazon）	・2020年、Wall Street Journalは、Amazonが自社製品の開発にサードパーティの商品の販売データを活用している旨報道 ・2022年4月には、米国証券取引委員会（SEC）によって、本事案の調査が開始
FacebookをFacebook Marketplaceに紐づけ（Meta）	・2022年12月、欧州委員会は、「Facebook」を、個人間の物品売買広告サービス「Facebook Marketplace」に紐づけ、同様のサービスの市場での競争をゆがめているとして、Metaに警告 ・また、欧州委員会は、Metaが「Facebook」や「Instagram」に広告を出稿している、競合の事業者に対して不利な条件を課し、競合の広告関連データを活用できるようにしているという点も指摘

（出典）総務省（2023）「ICT基盤の高度化とデジタルデータ及び情報の流通に関する調査研究」

総務省総合通信基盤局電気通信事業部長
Director-General of the Telecommunications
Business Department

木 村 公 彦 （きむら　きみひこ）

昭和44年4月8日生．大阪府出身．
一橋大学経済学部

平成4年4月	郵政省入省
平成16年1月	総務省総合通信基盤局電気通信事業部料金サービス課課長補佐
平成17年8月	総務省総合通信基盤局電気通信事業部事業政策課課長補佐（統括補佐）
平成18年8月	独立行政法人情報通信研究機構ワシントン事務所長
平成21年7月	総務省総合通信基盤局電気通信事業部事業政策課調査官
平成24年8月	警察庁長官官房国際課国際協力室長　兼　刑事局組織犯罪対策部付
平成26年7月	総務省情報通信国際戦略局国際協力課長
平成29年7月	総務省情報流通行政局サイバーセキュリティ課長
平成30年7月	総務省サイバーセキュリティ統括官付参事官（総括担当）
令和元年7月	内閣官房内閣参事官（内閣官房副長官補付）命 内閣官房情報通信技術（IT）総合戦略室次長
令和3年7月	総務省総合通信基盤局電気通信事業部事業政策課長
令和4年6月	総務省総合通信基盤局電気通信事業部長

総合通信基盤局

総務省総合通信基盤局電気通信事業部事業政策課長
Director, Telecommunications Policy Division

飯 村 博 之（いいむら　ひろゆき）

昭和46年7月9日生．埼玉県出身．
東京大学法学部

平成7年4月	郵政省入省
平成18年7月	総務省総合通信基盤局電気通信事業部料金サービス課課長補佐
平成21年7月	総務省総合通信基盤局電気通信事業部事業政策課統括補佐
平成23年7月	総務省総合通信基盤局総務課統括補佐
平成24年7月	総務省情報通信国際戦略局情報通信政策課調査官
平成24年10月	総務大臣秘書官
平成24年12月	総務省総合通信基盤局電気通信事業部電気通信技術システム課安全・信頼性対策室長
平成26年7月	総務省総合通信基盤局電気通信事業部事業政策課企画官
平成28年7月	総務省情報流通行政局衛星・地域放送課地域放送推進室長
平成29年7月	内閣法制局参事官（第三部）
令和4年6月	総務省総合通信基盤局電気通信事業部事業政策課長

総務省総合通信基盤局電気通信事業部料金サービス課長
Director, Tariff Division

井 上 　 淳（いのうえ　じゅん）

昭和48年1月5日生．大分県出身．
聖光学院，東京大学経済学部

平成8年4月	郵政省入省
令和2年7月	内閣官房内閣参事官（内閣広報室）
令和4年6月	総務省総合通信基盤局電気通信事業部消費者行政第二課長
令和5年7月	総務省総合通信基盤局電気通信事業部料金サービス課長

総務省総合通信基盤局電気通信事業部データ通信課長
Director, Computer Communications Division

西 潟 暢 央（にしがた　のぶひさ）

神奈川県出身.
駒場東邦高校，東京大学農学部，
ピータードラッカー経営大学院（MBA）

平成11年4月	郵政省入省
平成26年7月	総務省情報流通行政局放送政策課統括補佐
平成27年7月	総務省情報通信国際戦略局情報通信政策課統括補佐
平成29年7月	経済協力開発機構
令和3年7月	総務省情報流通行政局情報通信政策課企画官
令和4年6月	総務省総合通信基盤局電気通信事業部データ通信課長

総務省総合通信基盤局電気通信事業部電気通信技術システム課長
Director, Telecommunication Systems Division

五十嵐 大 和（いがらし　ひろかず）

昭和49年11月生.
埼玉県立浦和高校，東京工業大学工学部，
東京工業大学大学院情報理工学研究科，米カーネギーメロン大学大学院

平成11年4月	郵政省入省
平成22年5月	在ジュネーブ国際機関日本政府代表部一等書記官
平成25年7月	総務省総合通信基盤局電波部移動通信課課長補佐
平成27年8月	総務省情報流通行政局放送技術課課長補佐
平成28年10月	総務省総合通信基盤局電波部電波政策課統括補佐
平成30年8月	総務省総合通信基盤局電気通信事業部データ通信課調査官
令和元年7月	総務省総合通信基盤局電波部移動通信課新世代移動通信システム推進室長
令和3年7月	東北大学電気通信研究所特任教授
令和5年7月	総務省総合通信基盤局電気通信事業部電気通信技術システム課長

総
合
通
信
基
盤
局

総務省総合通信基盤局電気通信事業部安全・信頼性対策課長
Director, Network Safety and Reliability Division

大 塚 康 裕 (おおつか　やすひろ)

滋賀県出身.
東京大学法学部,
ハーバード大学法科大学院

平成12年 4 月	郵政省入省
平成29年 7 月	総務省総合通信基盤局電気通信事業部料金サービス課企画官
令和元年 7 月	総務省総合通信基盤局電波部移動通信課移動通信企画官
令和 2 年 1 月	岡山県総社市副市長
令和 4 年 1 月	総務省サイバーセキュリティ統括官付参事官付企画官（併任 大臣官房秘書課）
令和 4 年 7 月	総務省情報流通行政局情報通信政策課調査官
令和 5 年 7 月	総務省総合通信基盤局電気通信事業部安全・信頼性対策課長

総務省総合通信基盤局電気通信事業部基盤整備促進課長
Director, Telecommunications Infrastructure Development Division

堀 内 隆 広 (ほりうち　たかひろ)

千葉県出身.
千葉県立千葉高校, 東京大学経済学部

平成 9 年 4 月	郵政省入省
平成25年 7 月	総務省総合通信基盤局電気通信事業部事業政策課統括補佐
平成26年 8 月	総務省総合通信基盤局電気通信事業部電気通信技術システム課番号企画室長
平成27年 7 月	総務省総合通信基盤局電気通信事業部事業政策課調査官
平成28年 7 月	総務省総合通信基盤局電気通信事業部事業政策課市場評価企画官
平成29年 8 月	総務大臣秘書官事務取扱
平成30年10月	総務省情報流通行政局放送政策課企画官
令和 2 年 7 月	総務省情報流通行政局情報通信政策課調査官
令和 3 年 7 月	総務省情報流通行政局地上放送課長
令和 4 年 6 月	総務省総合通信基盤局電波部電波環境課長
令和 4 年11月	総務省サイバーセキュリティ統括官付（課長級）
令和 5 年 1 月	内閣官房内閣参事官（内閣官房副長官補付）命 内閣官房サイバー安全保障体制整備準備室参事官 併任 内閣官房国家安全保障局
令和 5 年 7 月	総務省総合通信基盤局電気通信事業部基盤整備促進課長

総務省総合通信基盤局電気通信事業部利用環境課長
Director, Telecommunications Consumer Policy Division

中 村 朋 浩 （なかむら　ともひろ）

昭和52年11月7日生．大阪府出身．
東京大学経済学部

平成13年4月	総務省入省（総合通信基盤局総務課）
平成21年7月	総務省総合通信基盤局電気通信事業部消費者行政課課長補佐
平成23年7月	総務省総合通信基盤局電気通信事業部料金サービス課課長補佐
平成24年9月	総務省情報流通行政地上放送課課長補佐
平成25年9月	総務省大臣官房秘書課秘書専門官（上川陽子総務副大臣付）
平成27年6月	在ジュネーブ国際機関日本政府代表部一等書記官
平成30年8月	総務省大臣官房秘書課課長補佐
令和元年7月	総務省総合通信基盤局電気通信事業部料金サービス課企画官
令和2年9月	総務大臣秘書官事務取扱
令和3年10月	総務省情報流通行政局放送政策課企画官
令和4年6月	総務省総合通信基盤局電気通信事業部消費者行政第二課企画官
令和5年7月	総務省総合通信基盤局電気通信事業部利用環境課長

SNSユーザーを対象としたアンケート調査（目撃経験）

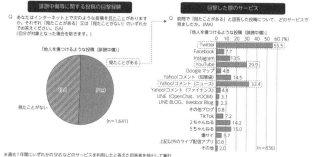

「令和5年版情報通信白書」より

総務省総合通信基盤局電波部長
Director-General of the Radio Department

荻 原 直 彦（おぎはら　なおひこ）

昭和42年11月30日生．東京都出身．B型
桐朋高等学校，東北大学工学部情報工学科，
東北大学大学院工学研究科

平成 4 年 4 月	郵政省入省
平成11年 7 月	郵政省通信政策局技術政策課課長補佐
平成12年 7 月	郵政省電気通信局電気通信事業部電気通信技術システム課課長補佐
平成13年 1 月	総務省総合通信基盤局電気通信事業部電気通信技術システム課番号企画室課長補佐
平成15年 8 月	北九州市産業学術振興局新産業振興課長
平成17年 8 月	総務省総合通信基盤局電気通信事業部電気通信技術システム課課長補佐
平成19年 8 月	総務省情報通信国際戦略局通信規格課標準化推進官
平成21年 7 月	総務省情報流通行政局衛星・地域放送課技術企画官
平成22年 7 月	総務省総合通信基盤局電波部電波政策課電波利用料企画室長
平成25年 6 月	総務省情報通信国際戦略局技術政策課研究推進室長
平成28年 7 月	総務省総合通信基盤局電気通信事業部電気通信技術システム課長
平成30年 7 月	総務省総合通信基盤局電波部移動通信課長
令和 2 年 7 月	総務省情報流通行政局放送技術課長
令和 3 年 7 月	総務省総合通信基盤局電波部電波政策課長
令和 5 年 7 月	総務省総合通信基盤局電波部長

総務省総合通信基盤局電波部電波政策課長

中 村 裕 治（なかむら　ゆうじ）

昭和44年10月12日生．神奈川県出身．
東北大学大学院修了

平成 7 年 4 月	郵政省入省
平成22年 7 月	総務省総合通信基盤局電波部電波政策課課長補佐
平成23年 7 月	総務省情報通信国際戦略局融合戦略企画官
平成26年 8 月	総務省情報流通行政局総務課調査官
平成27年 8 月	総務省総合通信基盤局電波部移動通信課新世代移動通信システム推進室長 兼 高度道路交通システム推進室長
平成29年 7 月	総務省総合通信基盤局電波部電波政策課電波利用料企画室長
令和元年 7 月	総務省総合通信基盤局電気通信事業部電気通信技術システム課長
令和 2 年 7 月	内閣官房内閣参事官（内閣サイバーセキュリティセンター）併任 内閣官房副長官補付 命 内閣官房東京オリンピック競技大会・東京パラリンピック競技大会推進本部事務局参事官
令和 4 年 6 月	総務省総合通信基盤局電波部移動通信課長
令和 5 年 7 月	総務省総合通信基盤局電波部電波政策課長

総務省総合通信基盤局電波部基幹・衛星移動通信課長
Director, Fixed and Satellite Radio Communications Division

廣 瀬 照 隆（ひろせ　てるたか）

昭和43年 3 月26日生．東京都出身．B型
東京都立忍岡高等学校，獨協大学

平成 2 年 4 月	郵政省入省
平成17年 7 月	総務省情報流通行政局放送政策課課長補佐
平成20年 7 月	総務省情報通信国際戦略局情報通信政策課長補佐
平成23年 7 月	総務省総合通信基盤局電気通信事業部料金サービス課課長補佐
平成26年 7 月	外務省在ブラジル日本国大使館一等書記官
平成29年 7 月	総務省総合通信基盤局電気通信事業部事業政策課課長補佐
平成30年 8 月	総務省総合通信基盤局電気通信事業部電気通信技術システム課安全・信頼性対策室長
平成30年10月	総務省総合通信基盤局電気通信事業部事業政策課企画官
令和元年 7 月	総務省総合通信基盤局電気通信事業部電気通信技術システム課番号企画室長
令和 2 年 7 月	総務省情報流通行政局衛星・地域放送課地域放送推進室長
令和 4 年 6 月	総務省総合通信基盤局電気通信事業部消費者行政第一課長
令和 5 年 7 月	総務省総合通信基盤局電波部基幹・衛星移動通信課長

趣味　ツーリング，ゴルフ

総合通信基盤局

総務省総合通信基盤局電波部移動通信課長
Director, Land Mobile Communications Division

小 川 裕 之（おがわ　ひろゆき）

東京都出身.
東京大学工学部電気工学科

平成10年4月	郵政省入省
平成17年8月	総務省総合通信基盤局国際部国際協力課課長補佐
平成18年5月	外務省在ロシア日本国大使館二等書記官
平成20年4月	外務省在ロシア日本国大使館一等書記官
平成21年7月	総務省総合通信基盤局電波部電波政策課検定試験官
平成23年7月	総務省総合通信基盤局電波部電波政策課電波利用料企画室課長補佐
平成26年8月	総務省情報通信国際戦略局技術政策課統括補佐
平成28年7月	総務省情報流通行政局放送技術課技術企画官
平成30年8月	東北大学電気通信研究所特任教授
令和3年7月	総務省国際戦略局技術政策課研究推進室長
令和4年6月	総務省国際戦略局宇宙通信政策課長
令和5年7月	総務省総合通信基盤局電波部移動通信課長

総務省総合通信基盤局電波部電波環境課長
Director, Electromagnetic Environment Division

内 藤 新 一（ないとう　しんいち）

平成10年4月	郵政省入省
令和3年7月	内閣官房内閣情報調査室参事官
令和4年11月	総務省総合通信基盤局電波部電波環境課長

総務省統計局長
Director-General,Statistics Bureau

岩 佐 哲 也 （いわさ　てつや）

昭和40年 9 月25日生．長崎県出身．
私立青雲高校，東京大学工学部

平成 2 年 4 月	総務庁入庁
平成 9 年 6 月	青少年対策本部国際交流振興担当参事官補佐
平成13年 1 月	内閣府男女共同参画局総務課課長補佐（総括・企画調整担当）
平成14年 7 月	総務省行政管理局行政情報システム企画課課長補佐（総括担当）
平成17年 8 月	内閣府本府規制改革・民間開放推進室企画官
平成19年 7 月	総務省大臣官房企画課企画官
平成21年 1 月	総務省統計局統計調査部経済統計課長
平成21年 4 月	総務省統計局統計調査部経済基本構造統計課長
平成24年 4 月	総務省統計局統計調査部国勢統計課長
平成28年 6 月	総務省大臣官房参事官（総務課担当）
平成29年 4 月	総務省統計局総務課長 併任 統計作成支援課長
平成31年 4 月	総務省統計局総務課長 併任 事業所情報管理課長
令和元年 7 月	総務省大臣官房審議官（統計局、統計基準、統計情報戦略推進担当）命 統計改革実行推進室次長 併任 統計局総務課長
令和元年10月	統計局総務課長の併任解除
令和 3 年 7 月	総務省統計局統計調査部長
令和 5 年 7 月	総務省統計局長

総務省統計局統計高度利用特別研究官

井　上　　　卓（いのうえ　たかし）

昭和39年7月29日生．大阪府出身．
大阪府立高津高校，東京大学経済学部経済学科

昭和63年4月	総理府入府（行政監察局監察官付）
平成7年4月	総務庁青少年対策本部企画調整課長補佐
平成7年7月	総務庁青少年対策本部国際交流復興担当参事官補佐
平成9年6月	内閣官房内閣安全保障室　併任　総理府大臣官房安全保障室参事官補
平成10年4月	内閣官房内閣安全保障・危機管理室　併任　大臣官房安全保障・危機管理室参事官補
平成11年7月	総理府大臣官房総理大臣官邸事務所長付秘書専門官　命　内閣官房副長官付　併任　内閣官房内閣参事官室
平成13年1月	内閣官房内閣総務官室　命　内閣副参事官
平成15年7月	内閣府男女共同参画局推進課配偶者間暴力対策調整官
平成17年4月	国土交通省河川局砂防部砂防計画課砂防管理室長
平成19年7月	内閣府大臣官房政策評価広報課長　併任　大臣官房参事官（総務課担当）
平成20年3月	日本学術会議事務局企画課長　命　国立国会図書館支部日本学術会議図書館長
平成21年7月	日本学術会議事務局企画課長
平成22年7月	総務省統計局統計調査部経済統計課長
平成24年9月	総務省統計局統計調査部調査企画課長
平成26年7月	総務省統計局総務課長
平成29年4月	独立行政法人統計センター理事
平成31年4月	総務省統計研究研修所長
令和元年7月	総務省統計局統計調査部長
令和3年7月	総務省統計局長
令和5年7月	総務省統計局統計高度利用特別研究官

統計局

総務省統計局総務課長 併任 事業所情報管理課長
Director,General Affairs Division,Statistics Bureau

上　田　　聖（うえだ　せい）

昭和46年1月13日生. 広島県出身.
東京理科大学大学院修了

平成7年4月　総務庁入庁　平成23年7月　独立行政法人統計センター
総務部総務課長　平成25年4月　独立行政法人統計センター経営企画室
長　平成25年6月　総務省統計局総務課調査官　平成26年7月　総務省
統計局統計調査部消費統計課物価統計室長　平成27年7月　総務省統計
審査官（政策統括官付）（併：内閣府大臣官房統計委員会担当室参事官）
平成28年4月　総務省統計審査官（政策統括官付）（併：総務省統計委員
会担当室次長）　令和元年7月　総務省大臣官房付 併任 政策統括官付 併
任 統計改革実行推進室参事官（政策統括官付）併任 統計委員会担当室次
長（政策統括官付）併任 内閣官房副長官補付 命 内閣官房統計改革推進
室参事官
令和2年7月　総務省統計局統計調査部経済統計課長
令和4年6月　総務省統計局統計情報利用推進課長 併任 統計作成プロ
　　　　　　　セス改善推進室次長（政策統括官付）併任 統計委員会担
　　　　　　　当室次長（政策統括官付）
令和5年7月　総務省統計局総務課長 併任 事業所情報管理課長

総務省統計局統計情報利用推進課長 併任 統計品質管理推進室参事官
（政策統括官付）
Director of Statistics Information Utilization Promotion Division
Statistics Bureau

辻　　寛　起（つじ　ひろおき）

昭和47年8月7日生. 奈良県出身.
東大寺学園, 東京大学法学部

平成9年4月　総務庁入庁　平成19年4月　内閣府地方分権改革推進委
員会事務局参事官補佐　平成21年7月　財務省主計局調査課長補佐　平
成22年7月　財務省主計局主計官補佐（経済協力第二係）　平成23年7月
総務省行政管理局管理官　平成25年6月　総務省行政管理局企画官
平成26年5月　内閣官房内閣人事局企画官　平成27年7月　総務省行政
管理局企画調整課企画官　平成28年8月　内閣官房内閣人事局企画官
平成29年8月　総務大臣秘書官事務取扱
平成30年10月　総務省行政管理局企画調整課企画官
平成31年1月　総務省行政管理局管理官（独法評価総括）
令和2年7月　総務省行政評価局政策評価課長
令和4年6月　総務省行政評価局企画課長
令和5年7月　総務省統計局統計情報利用推進課長 併任 統計品質管理
　　　　　　　推進室参事官（政策統括官付）

総務省統計局統計情報システム管理官 併任 独立行政法人統計センター
情報システム部長
Director for Management of Statistical Information Systems
Statistics Bureau

伊 藤 正 一 （いとう　しょういち）

平成 2 年	総務庁入庁
平成23年 4 月	総務省統計局統計調査部経済基本構造統計課課長補佐
平成26年 8 月	総務省統計局統計調査部国勢統計課課長補佐
平成29年 4 月	独立行政法人統計センター統計編成部企画課統括統計職〈消費担当〉
平成30年 4 月	独立行政法人統計センター統計編成部経済統計企画課副課長 併任 統計編成部経済統計企画課事業所母集団情報整備室長
平成31年 1 月	独立行政法人統計センター統計編成部消費統計編成課長
令和 4 年 4 月	独立行政法人統計センター情報システム部次長 命 情報システム部長事務代理 併任 統計編成部人口・消費統計編成調整官
令和 5 年 4 月	総務省統計局統計情報システム管理官 併任 独立行政法人統計センター情報システム部長

最近のディープフェイクの事例

年	エリア	内容
2021	米国	・娘が所属するチアリーディングのチームメイトをチームから追い出すため、母親がディープフェイク技術を使い、チームメイトのわいせつな画像や動画を作成したとして、逮捕された
	欧州	・ロシアの議員のディープフェイク動画と気づかずに欧州の議員がビデオ電話会議を実施した
2022	世界	・ゼレンスキー大統領がロシアへの降伏について話をする動画がYouTubeに投稿された
	日本	・「Stable Diffusion」が静岡県の台風洪水デマ画像作成に使われ、Twitter上に投稿された
	米国	・画像生成AI「NovelAI Diffusion」が、他者の著作物を無断転載している可能性のあるサイト「Danbooru」の画像をAI学習に用いていた
	英国	・合意のないディープフェイクポルノへの反対活動を行う女性のポルノビデオが作成され、Twitter上で公開されていた
2023	米国	・政治活動家が、バイデン大統領が第三次世界大戦の開始を告げる動画を作成。作成者はAIで作成した旨を説明したが、多くの人が説明をつけないまま動画を共有した
	米国	・ベリングキャットの創設者が、トランプ前大統領が逮捕される偽画像を「Midjourney」を使用して作成・公表し、Twitter上で拡散された

(出典) 各種ウェブサイトを基に作成

「令和 5 年版情報通信白書」より

総務省統計局統計調査部長
Director‐General,Statistical Survey Department,Statistics Bureau

永 島 勝 利 (ながしま　かつとし)

昭和42年11月10日生．東京都出身．
私立麻布高校．
東京大学大学院理学系研究科修士課程数学専攻

平成 4 年 4 月	総務庁入庁
平成21年 7 月	総務省統計局統計調査部消費統計課物価統計室長
平成24年 4 月	総務省統計局統計情報システム課長
平成25年 4 月	総務省統計局統計調査部消費統計課長
平成26年 7 月	総務省統計局統計調査部経済基本構造統計課長
平成29年 1 月	総務省大臣官房付 併任 政策統括官付 併任 統計委員会担当室次長（政策統括官付）併任 内閣官房副長官補付 命 内閣官房統計改革推進室参事官
平成30年 8 月	総務省統計局統計調査部調査企画課長
平成31年 2 月	総務省統計審査官（政策統括官付）併任 統計改革実行推進室参事官（政策統括官付）併任 統計委員会担当室次長（政策統括官付）
令和元年 7 月	総務省大臣官房付 併任 政策統括官付 併任 統計改革実行推進室参事官（政策統括官付）併任 統計委員会担当室次長（政策統括官付）併任 内閣官房副長官補付 命 内閣官房統計改革推進室参事官
令和元年10月	総務省統計局総務課長 併任 政策統括官付 併任 統計改革実行推進室参事官（政策統括官付）併任 統計委員会担当室次長（政策統括官付）併任 内閣官房副長官補付 命 内閣官房統計改革推進室参事官
令和 2 年 7 月	併任解除
令和 4 年 6 月	総務省統計研究研修所長
令和 5 年 7 月	総務省統計局統計調査部長

総務省統計局統計調査部調査企画課長
Director of Survey Planning Division Statistical Survey Department
Statistics Bureau

小　松　　　聖（こまつ　さとる）

昭和45年10月２日生．千葉県出身．
千葉県立千葉東高等学校，
千葉大学大学院工学研究科

平成８年４月	総務庁入庁
平成18年４月	総務省統計局統計調査部経済統計課課長補佐
平成19年７月	総務省行政管理局行政情報システム企画課課長補佐
平成21年７月	総務省自治行政局地域政策課国際室課長補佐
平成22年４月	総務省統計局統計調査部調査企画課長補佐
平成25年６月	独立行政法人統計センター総務部経営企画室長
平成27年４月	総務省受給・債権調査官（政策統括官付恩給業務管理官付）併任 総務省政策統括官付統計企画管理官付
平成27年７月	総務省統計局統計調査部消費統計課物価統計室長
平成29年７月	総務省統計局統計調査部経済統計課長
令和元年７月	総務省統計局統計調査部消費統計課長
令和３年７月	総務省統計局統計調査部国勢統計課長
令和５年７月	総務省統計局統計調査部調査企画課長

総務省統計局統計調査部国勢統計課長
Director,Population Census Division Statistical Survey Department
Statistics Bureau

中　村　英　昭（なかむら　ひであき）

昭和51年３月24日生．千葉県出身．
東京大学理学部

平成11年４月	総務庁採用
平成26年７月	総務省統計局総務課長補佐
平成27年８月	総務省統計局統計調査部調査企画課調査官 併任 総務課
平成30年４月	総務省統計局統計調査部消費統計課統計情報室長
令和元年７月	総務省統計局統計調査部国勢統計課労働力人口統計室長
令和２年７月	総務省統計改革実行推進室参事官（政策統括官付）併任 内閣官房内閣参事官（内閣官房副長官補付）命 内閣官房統計改革推進室参事官
令和３年４月	総務省統計審査官（政策統括官付）併任 統計改革実行推進室参事官（政策統括官付）
令和４年６月	総務省統計局統計調査部経済統計課長 併任 事業所情報管理課長 併任 統計調査部経済統計課経済センサス室長
令和５年４月	事業所情報管理課長の併任解除
令和５年７月	総務省統計局統計調査部国勢統計課長

総務省統計局統計調査部経済統計課長

Director, Economic Statistics Division, Statistical Survey Department
Statistics Bureau

岡　　宏　記 （おか　ひろき）

昭和54年6月12日生．香川県出身．
東京大学経済学部

平成14年4月	総務省入省
平成23年9月	総務省行政管理局副管理官
平成25年7月	総務省自治税務局市町村税課住民税企画専門官
平成27年7月	総務省統計局総務課課長補佐
平成30年7月	内閣官房内閣人事局
令和2年8月	総務省行政評価局総務課企画官
令和3年10月	総務大臣秘書官事務取扱
令和4年8月	総務省行政評価局政策評価課企画官　併任　大臣官房秘書課課長補佐　併任　大臣官房秘書課人事専門官　併任　大臣官房秘書課働き方改革・業務見直し推進室長　併任　大臣官房秘書課障害者雇用推進室長　併任　大臣官房秘書課監察室次長　併任　内閣官房内閣人事局
令和5年7月	総務省統計局統計調査部経済統計課長

総務省統計局統計調査部消費統計課長

Director Consumer Statistics Division Statistical Survey Department
Statistics Bureau

田　村　彰　浩 （たむら　あきひろ）

昭和50年9月18日生．熊本県出身．
東京工業大学大学院理工学研究科

平成13年4月　総務省入省　平成20年4月　総務省大臣官房企画課情報システム室課長補佐　平成21年7月　総務省行政管理局行政情報システム企画課課長補佐　平成23年10月　総務省統計局統計調査部消費統計課課長補佐　平成27年4月　総務省統計局統計調査部経済基本構造統計課課長補佐　併任　国勢統計課　平成28年4月　総務省国際統計管理官補佐（政策統括官付国際統計管理官付）　平成29年4月　総務省統計局統計調査部調査企画課課長補佐　平成30年4月　総務省統計局総務課調査官　併任　統計局統計調査部調査企画課課長補佐　平成30年7月　併任　統計局総務課課長補佐　令和元年7月　総務省企画官（政策統括官付統計企画管理官付）併任　統計改革実行推進室企画官（政策統括官付）併任　内閣官房副長官補付企画官　命　内閣官房統計改革推進室企画官

令和2年4月	併任　統計委員会担当室企画官（政策統括官付）
令和2年7月	総務省統計局統計調査部国勢統計課労働力人口統計室長
令和3年7月	総務省統計局統計調査部消費統計課物価統計室長
令和4年6月	総務省統計局統計調査部消費統計課長

総務省政策統括官（統計制度担当）（恩給担当）
Director-General for Policy Planning

北 原　　久（きたはら　ひさし）
東京都出身.
筑波大学附属高等学校，東京大学法学部，
イェール大学経営大学院

平成 2 年 4 月	総務庁入庁
平成17年 8 月	総務省大臣官房企画課企画官 併任 情報システム室長
平成18年 7 月	岐阜県警察本部警務部長
平成20年 7 月	大臣官房参事官 併任 行政評価局（財務・経済産業等担当）
平成21年 7 月	大臣官房参事官 併任 管理室長 併任 特別基金事業推進室長
平成24年 7 月	行政管理局管理官（消費者・経済産業・環境・国家公安委員会・法務等担当）
平成26年 5 月	内閣人事局内閣参事官（併任）（消費者・経済産業・環境・国家公安委員会・法務等担当）
平成26年 7 月	行政管理局管理官 併任 内閣人事局内閣参事官（厚生労働・文部科学等担当）
平成27年 4 月	内閣官房内閣参事官（内閣官房副長官補付）
平成28年 4 月	統計局統計調査部調査企画課長
平成29年 4 月	大臣官房参事官（大臣官房総務課担当）
平成30年 7 月	政策統括官（統計基準担当）付統計企画管理官 命 内閣官房統計改革推進室参事官
令和元年 7 月	内閣府公益認定等委員会事務局次長
令和 3 年 7 月	内閣府公益認定等委員会事務局長
令和 4 年 8 月	大臣官房審議官（統計局、統計制度、統計情報戦略推進、恩給担当）
令和 5 年 7 月	政策統括官（統計制度担当）（恩給担当） 命 統計品質管理推進室長

総務省大臣官房審議官（統計局、統計制度、統計情報戦略推進、恩給担当）
Deputy Director-General of the Minister's Secretariat

佐 藤 紀 明 （さとう　のりあき）

昭和44年5月13日生．秋田県出身．
秋田県立秋田高等学校，東北大学法学部

平成5年4月	総理府入府
平成11年7月	経済企画庁国民生活局国民生活調査課課長補佐
平成13年1月	内閣府政策統括官（経済財政―経済社会システム）付参事官（市場システム）付参事官補佐
平成13年4月	併任 内閣府本府総合規制改革会議事務室室長補佐
平成14年8月	総務省行政管理局情報公開推進室副管理官
平成16年7月	総務省自治行政局地域振興課課長補佐
	併任 総務省自治行政局地域振興課過疎対策室課長補佐
平成19年4月	総務省自治行政局自治政策課国際室課長補佐
平成19年8月	総務省行政評価局総務課課長補佐
平成20年4月	行政改革推進本部事務局企画官
平成21年7月	総務省大臣官房企画官（大臣官房総務課管理室・特別基金事業推進室担当）
平成23年10月	併任 総務省大臣官房企画課企画官
	併任 総務省大臣官房企画課情報システム室長
平成24年7月	総務省大臣官房参事官（大臣官房総務課管理室・特別基金事業推進室担当）
平成25年6月	復興庁統括官付参事官
平成27年9月	内閣官房内閣参事官（内閣人事局）
平成29年7月	独立行政法人統計センター経営審議室長
平成31年1月	独立行政法人統計センター総務部長
令和元年7月	総務省統計局統計調査部調査企画課長
令和2年7月	併任 統計情報利用推進課長
令和3年7月	総務省政策統括官（統計制度担当）付統計企画管理官
令和4年7月	総務省行政管理局企画調整課長
令和5年7月	総務省大臣官房審議官（統計局、統計制度、統計情報戦略推進、恩給担当）

■政策統括官

総務省統計企画管理官（政策統括官付）併任 統計品質管理推進室参事官（政策統括官付）
Director for Statistical Planning

重 里 佳 宏（じゅうり よしひろ）

昭和48年12月28日生．熊本県出身．
University College London

平成 8 年 4 月	総務庁入庁
平成27年 7 月	外務省在ジュネーブ国際機関日本政府代表部参事官
平成30年 8 月	総務省統計審査官（政策統括官付）併任 総務省統計改革実行推進室参事官（政策統括官付）
平成31年 2 月	総務省統計局統計利用推進課長
平成31年 4 月	総務省統計局統計情報利用推進課長
令和元年 7 月	総務省統計局統計調査部経済統計課長
令和 2 年 7 月	総務省政策統括官付 併任 統計委員会担当室次長（政策統括官付）併任 内閣官房副長官補付 命 内閣官房統計改革推進室参事官
令和 3 年 7 月	統計作成プロセス改善推進室次長（政策統括官付）を併任
令和 4 年 6 月	総務省統計局統計調査部調査企画課長 併任 統計改革実行推進室参事官（政策統括官付）
令和 5 年 7 月	総務省統計企画管理官（政策統括官付）併任 統計品質管理推進室参事官（政策統括官付）

総務省統計審査官（政策統括官付）
Director for Statistical Clearance

内 山 昌 也（うちやま まさや）

昭和40年 7 月 3 日生．京都府出身．
神戸大学法学部

昭和63年 4 月	総務庁入庁
令和 2 年 4 月	総務省統計審査官（政策統括官付）

総務省統計審査官（政策統括官付）

熊 谷 友 成（くまがい　ともなり）

平成24年7月　国土交通省北海道局参事官付開発専門官
平成26年4月　国土交通省国土政策局広域地方政策課広域制度企画室課長補佐
平成28年4月　国土交通省国土政策局広域地方政策課長補佐
平成29年7月　国土交通省国土政策局総合計画課国土政策企画官
平成30年7月　総務省総合通信基盤局電波部基幹・衛星移動通信課基幹通信室長
令和2年7月　国土交通省不動産・建設経済局地価調査課鑑定評価指導室長
令和4年7月　内閣府総合海洋政策推進事務局参事官（離島（地域社会維持）担当）併任　内閣府総合海洋政策推進事務局有人国境離島政策推進室参事官
令和5年7月　総務省統計審査官（政策統括官付）

総務省統計審査官（政策統括官付）併任 統計品質管理推進室参事官（政策統括官付）
Director for Statistical Clearance

山 形 成 彦（やまがた　なるひこ）

昭和49年10月15日生．岡山県備前市出身．O型
岡山県立岡山朝日高等学校，大阪大学理学部数学科，
大阪大学大学院理学研究科数学専攻，東京大学公共政策大学院

平成12年4月　総務庁入庁　平成24年8月　総務省統計局統計調査部経済統計課課長補佐　平成27年7月　総務省統計局統計調査部調査企画課課長補佐　平成28年7月　総務省統計局総務課長補佐　平成29年7月　総務省統計局統計調査部国勢統計課調査官 併任 統計局総務課 併任 内閣官房副長官補付企画官 併任 統計改革実行推進室企画官（政策統括官付）　平成30年7月　総務省政策統括官付統計企画管理官付企画官　令和元年7月　総務省統計局統計調査部消費統計課物価統計室長　令和3年7月　総務省統計局統計調査部消費統計課長　令和4年6月　総務省統計審査官（政策統括官付）併任 統計改革実行推進室参事官（政策統括官付）　令和5年4月　総務省統計審査官（政策統括官付）併任 統計品質管理推進室参事官（政策統括官付）

資格　統計検定（1級，専門統計調査士，国際資格Graduate Diploma）
趣味　水泳
学生時代の所属部　陸上，スキー
尊敬する人　両親，兄

総務省統計調整官（政策統括官付）併任 統計委員会担当室次長（政策統括官付）

植 松 良 和（うえまつ　よしかず）

昭和48年6月15日生.　石川県出身.
石川県立金沢泉丘高校,
東京大学大学院数理科学研究科

平成10年4月	総務庁入庁
平成20年4月	内閣府経済社会総合研究所国民経済計算部企画調査課課長補佐
平成22年7月	総務省統計局統計調査部経済統計課課長補佐
平成24年8月	内閣府政策統括官（経済社会システム担当）付参事官付参事官補佐
平成26年7月	総務省政策統括官付統計企画管理官付統計企画管理官補佐
平成27年4月	総務省政策統括官付調査官
令和元年7月	総務省統計局事業所情報管理課長
令和4年6月	独立行政法人統計センター総務部長
令和5年4月	総務省統計調整官（政策統括官付）併任 統計委員会担当室次長（政策統括官付）

総務省国際統計管理官（政策統括官付）
Director for International Statistical Affairs

佐 伯 美 穂（さえき　みほ）

総務省恩給管理官（政策統括官付）併任 統計品質管理推進室参事官（政策統括官付）

柿 原 謙一郎（かきはら　けんいちろう）

昭和44年8月29日生．長崎県出身．
東京大学理学部

平成4年4月	総務庁入庁
平成25年6月	内閣府規制改革推進室参事官
平成27年7月	総務省恩給企画管理官（政策統括官付）
平成28年6月	総務省統計局統計情報システム課長
平成29年4月	総務省統計局統計利用推進課長 併任 統計情報システム管理官
平成30年7月	農林水産省大臣官房統計部統計企画管理官
令和2年7月	全国市町村研修財団審議役 命 市町村職員中央研修所調査研究部長 兼 教授
令和4年6月	総務省恩給管理官（政策統括官付）併任 統計改革実行推進室参事官（政策統括官付）
令和5年4月	総務省恩給管理官（政策統括官付）併任 統計品質管理推進室参事官（政策統括官付）

我が国におけるデジタルリテラシー向上に向けた取組

主体	事例	内容
政府（総務省等）	インターネットトラブル事例集	・インターネットに係るトラブルの事例をまとめたもの
	啓発サイト「上手にネットと付き合おう！～安心・安全なインターネット利用ガイド～」	・安心・安全なインターネット利用に関する全世代向け啓発サイト。「SNS等での誹謗中傷」を「特集」として掲載
	偽情報に関する啓発教育教材「インターネットとの向き合い方～偽・誤情報に騙されないために～」	・メディア情報リテラシー向上の総合的な推進に資する目的で製作された啓発教育教材と講師用ガイドラインを2021年度に開発・公表
	春のあんしんネット・新学期一斉行動	・新学期・入学時期に合わせて、啓発活動等を集中的に実施
民間団体・企業等	Yahoo!「ネット常識力模試」、「Yahoo!ニュース診断」	・インターネットを利用するうえで身につけておきたい基礎知識やよくあるインターネットトラブルへの対応を学べる「ネット常識力模試」を実施・不確かな情報に惑わされないための「Yahoo!ニュース健診」を提供
	LINE未来財団「オンライン出前授業」	・全国の学校や地方自治体等で、子供向け・保護者向けに情報モラル教育のオンライン出前授業を実施
	Google「初めてのメディアリテラシー講座」	・情報を主体的に吟味し、活用する力を身につけるためのオンライントレーニング
	Meta「みんなのデジタル教室」	・利用者がデジタル世界で求められるスキルを身に着け、責任あるデジタル市民によるグローバルコミュニティを構築するため、学校等での出前授業、オンライン授業、Instagram上で誰でも学習可能なコンテンツ等を提供
	ByteDance	・学校等での出前授業や親子向けの啓発セミナーを提供・動画制作体験とともに「安心・安全」を啓発
	一般財団法人マルチメディア振興センター(FMMC)「e-ネットキャラバン」	・児童・生徒、保護者、教職員等に対する学校等現場での無料「出前講座」を全国で開催

（出典）各種公表資料を基に総務省作成

総務省サイバーセキュリティ統括官
Director-General for Cyber Security

山 内 智 生 (やまうち　ともお)

昭和40年 3 月28日生．兵庫県出身．
京都大学大学院工学研究科修了

平成元年 4 月	郵政省入省
平成17年 8 月	総務省情報通信政策局技術政策課企画官
平成19年 7 月	総務省総合通信基盤局電波部電波政策課電波利用料企画室長
平成21年 7 月	総務省情報通信国際戦略局技術政策課研究推進室長
平成23年 8 月	内閣官房内閣参事官（内閣官房副長官補付）命 内閣官房情報セキュリティセンター参事官
平成26年 7 月	総務省情報通信国際戦略局宇宙通信政策課長
平成28年 6 月	内閣官房内閣参事官（内閣サイバーセキュリティセンター）
平成30年 8 月	内閣官房内閣審議官（内閣官房副長官補付）命 内閣官房内閣サイバーセキュリティセンター副センター長
令和 3 年10月	総務省大臣官房審議官（国際技術、サイバーセキュリティ担当）併任　内閣官房内閣審議官（内閣サイバーセキュリティセンター）
令和 4 年 6 月	総務省サイバーセキュリティ統括官

総務省サイバーセキュリティ統括官付参事官（総括担当）
Counsellor, Office of the Director-General for Cybersecurity

小 川 久仁子（おがわ　くにこ）

昭和48年3月29日生．東京都出身．
慶應義塾大学法学部,
タフツ大学フレッチャー法律外交大学院

平成7年4月	郵政省採用
平成20年1月	独立行政法人情報通信研究機構総合企画部評価室長
平成21年7月	総務省情報通信国際戦略局国際政策課統括補佐
平成23年7月	総合通信基盤局電気通信事業部消費者行政課企画官
平成25年5月	総合通信基盤局電気通信事業部消費者行政課企画官 併任 消費者行政課電気通信利用者情報政策室長
平成25年7月	総合通信基盤局電波部電波政策課企画官
平成27年7月	総合通信基盤局電波部移動通信課移動通信企画官
平成28年7月	個人情報保護委員会事務局参事官
平成30年7月	内閣官房内閣人事局内閣参事官（給与及び退職手当担当）
令和2年7月	総務省総合通信基盤局電気通信事業部消費者行政第二課長
令和4年7月	総務省サイバーセキュリティ統括官付参事官（総括担当）

総務省サイバーセキュリティ統括官付参事官（政策担当）
Director, Office of the Director-General for Cybersecurity

酒 井 雅 之（さかい　まさゆき）

京都府出身．
東京都立西高等学校, 東京理科大学,
東京理科大学大学院理工学研究科情報科学専攻

平成10年4月	郵政省入省
平成17年8月	総務省情報通信政策局地域通信振興課地方情報化推進室課長補佐
平成19年7月	内閣官房情報セキュリティセンター参事官補佐
平成21年7月	独立行政法人情報通信研究機構ワシントン事務所副所長
平成24年8月	総務省情報通信国際戦略局技術政策課研究推進室課長補佐
平成26年8月	京浜急行電鉄株式会社グループ戦略室調査役
平成28年6月	総務省情報流通振興課情報セキュリティ対策室調査官 併任 内閣府総合科学技術イノベーション推進会議企画官
平成29年7月	内閣官房内閣サイバーセキュリティセンター企画官
令和元年8月	総務省大臣官房企画課サイバーセキュリティ・情報化推進室長
令和2年8月	法務省矯正局総務課情報通信企画官
令和4年7月	総務省サイバーセキュリティ統括官付参事官（政策担当）

総務省行政不服審査会事務局総務課長

柴　沼　雄一朗（しばぬま　ゆういちろう）

昭和46年4月5日生．茨城県出身．
京都大学法学部

平成7年4月	総務庁入庁
平成24年9月	総務省行政評価局調査官
平成25年6月	総務省人事・恩給局人事政策課人事企画官
平成26年5月	内閣官房内閣人事局企画官
平成27年7月	復興庁統括官付参事官
平成29年7月	総務省大臣官房参事官 併任 行政管理局管理官（業務・システム改革総括）
令和元年7月	総務省大臣官房付 併任 政策統括官付 併任 統計委員会担当室次長（政策統括官付）併任 内閣官房副長官補付 命 内閣官房統計改革推進室参事官
令和2年7月	厚生労働省社会・援護局援護・業務課長
令和4年8月	総務省行政評価局評価監視官（連携調査、環境等担当）
令和5年7月	総務省行政不服審査会事務局総務課長

諸外国におけるファクトチェック団体等の取組

団体名・所在地	概要等
Poynter Institute IFCN (米国)	・Poynter研究所はメディア研究・専門家育成の機関。IFCNは内部組織 ・Google、Facebook、Tiktokなどとパートナーシップを締結し、世界の主要なファクトチェック団体の活動を支援 ・ファクトチェック団体の基準を設け、認証を実施。審査を行った団体は認証マークを提示しながら活動を実施 ・署名済ファクトチェック団体が連携し、COVID-19やウクライナ問題など国際的な関心事項に対してファクトチェックを実施
Poynter Institute Politifact (米国)	・政治家の発言等の信憑性について検証するウェブサイト「Politifact」を運営する。検証対象となる発言を転記し、独自の評価コメントに加え、"Truth-O-Meter"と呼ばれる6段階スコアで評価を実施
Full Fact (英国)	・ファクトチェック結果を世の中に公表し、間違った情報を減らすための方法を提供することを目的に設立 ・英国内の関心が高い事項を対象にファクトチェックを実施
ソウル大学 (SNU) ファクトチェック センター (韓国)	・ソウル大学言論情報研究所下の組織 ・韓国内のマスメディアやオンラインメディア等が実施したファクトチェック結果を集約してセンターのウェブ「SNU FactCheck」上で公表 ・大手ポータルサイトNAVERと連携し、センターのウェブ上で掲載されたファクトチェック済みの記事は、NAVERのファクトチェックのページでも掲載
台湾ファクトチェックセンター	・2018年に設立された台湾内のファクトチェック団体 ・センターのウェブサイト上で一般利用者が自身で情報の真偽を判別できるようになるための教育コンテンツを提供

（出典）各種公表資料を基に総務省作成

総務省大臣官房審議官（行政評価局担当）併任 情報公開・個人情報保護審査会事務局長

Deputy Director-General of Minister's Secretariat (Administrative Evaluation)/Secretary General, Information Disclosure and Personal Information Protection Review Board

植 山 克 郎（うえやま　かつろう）

昭和40年 9 月 6 日生．栃木県出身．
栃木県立足利高校，東京大学法学部，
米国ハーバード大学ケネディ大学院

事
務
局
等

平成元年 4 月	総務庁入庁
平成17年 4 月	内閣府企画官（共生社会政策担当）
平成17年10月	内閣府大臣官房総務課企画官
平成18年 4 月	内閣府賞勲局調査官
平成18年 7 月	内閣府賞勲局審査官
平成19年 4 月	内閣府参事官（共生社会政策国際担当）
平成20年 4 月	福岡大学教授
平成22年 4 月	総務省行政管理局行政手続・制度調査室長
平成22年 7 月	総務省行政管理局管理官
平成24年 4 月	総務省行政管理局管理官（行政通則法）
平成26年 7 月	総務省統計局統計調査部調査企画課長
平成28年 4 月	総務省行政不服審査会事務局総務課長
平成31年 4 月	独立行政法人統計センター経営審議役
令和 3 年 7 月	総務省統計研究研修所長
令和 4 年 6 月	総務省大臣官房審議官（行政評価局担当）併任 情報公開・個人情報保護審査会事務局長

総務省情報公開・個人情報保護審査会事務局総務課長

谷 輪 浩 二 （たにわ　こうじ）

神奈川県出身.
東京大学経済学部

平成 6 年 4 月	総務庁入庁
平成20年 8 月	総務省官房総務課長補佐
平成22年 7 月	総務省行政管理局調査官
平成23年 7 月	総務省官房会計課企画官 兼 会計課庁舎管理室長
平成24年 8 月	総務省人事・恩給局総務課企画官
平成26年 5 月	総務省行政管理局企画調整課企画官
平成26年 7 月	総務省統計審査官（政策統括官付）
平成29年 1 月	併任 政策統括官付
平成29年 7 月	内閣府参事官（市場システム担当）（政策統括官（経済社会システム担当）付）併任 内閣府本府規制改革推進室参事官
令和元年 8 月	農林水産省大臣官房統計部統計企画管理官
令和 3 年 8 月	総務省行政不服審査会事務局総務課長
令和 5 年 7 月	総務省情報公開・個人情報保護審査会事務局総務課長

世界のAI市場規模（売上高）の推移及び予測

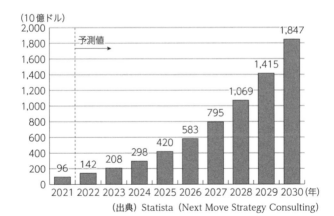

（出典）Statista（Next Move Strategy Consulting）

総務省官民競争入札等監理委員会事務局長 併任 行政管理局公共サービス改革推進室長

後 藤 一 也 （ごとう　かずや）
早稲田大学商学部

平成 5 年 4 月　総務庁入庁
平成27年 7 月　内閣府大臣官房参事官（政府広報室担当）
平成29年 7 月　内閣府沖縄総合事務局総務部長
令和 2 年 8 月　内閣府日本学術会議事務局企画課長
令和 3 年 1 月　内閣府地方分権改革推進室参事官
令和 3 年 8 月　内閣府日本学術会議事務局企画課長
令和 4 年 7 月　内閣府国際平和協力本部事務局参事官
令和 5 年 7 月　総務省官民競争入札等監理委員会事務局長 併任 行政管
　　　　　　　　理局公共サービス改革推進室長 兼 内閣府大臣官房審議
　　　　　　　　官（消費者委員会担当）

■事務局等

総務省官民競争入札等監理委員会事務局参事官 併任 行政管理局公共サービス改革推進室参事官

大 上 明 子 （おおがみ　あきこ）

平成14年 4 月　総務省入省
令和 4 年 8 月　総務省行政管理局企画調整課企画官
令和 5 年 9 月　総務省官民競争入札等監理委員会事務局参事官 併任 行政管理局公共サービス改革推進室参事官

国内AIシステムの市場規模（支出額）及び予測

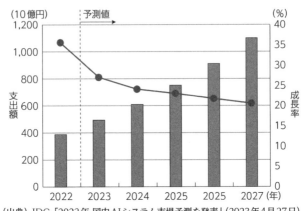

（出典）IDC「2023年 国内AIシステム市場予測を発表」（2023年4月27日）

「令和 5 年版情報通信白書」より

総務省大臣官房総括審議官（広報、政策企画（主）担当）併任 電気通信紛争処理委員会事務局長
Director-General for Policy Coordination/Director-General,
Telecommunications Dispute Settlement Commission's Secretariat

藤　野　　克 (ふじの　まさる)
早稲田大学政治経済学部政治学科，
シカゴ大学修士（社会科学），早稲田大学博士（学術）

平成 2 年 4 月	郵政省入省
平成20年	外務省在米国日本国大使館参事官
平成24年 7 月	総務省情報流通行政局郵政行政部貯金保険課長（併：内閣官房内閣参事官（内閣官房副長官補付）命　内閣官房郵政改革推進室参事官）
平成26年 7 月	総務省情報流通行政局地上放送課長
平成28年 6 月	総務省総合通信基盤局電気通信事業部料金サービス課長
平成30年 7 月	総務省国際戦略局総務課長
令和元年 7 月	総務省大臣官房企画課長
令和 2 年 7 月	総務省大臣官房審議官（国際技術、サイバーセキュリティ担当）併任 内閣官房内閣審議官（内閣官房副長官補付）命 内閣官房情報通信技術（ＩＴ）総合戦略室長代理（副政府ＣＩＯ）
令和 3 年 2 月	大臣官房審議官（情報流通行政局担当）を併任
令和 3 年 7 月	総務省大臣官房審議官（国際技術、サイバーセキュリティ、情報流通行政局担当）
令和 3 年10月	総務省大臣官房審議官（情報流通行政局担当）
令和 4 年 6 月	総務省情報流通行政局郵政行政部長
令和 5 年 7 月	総務省大臣官房総括審議官（広報、政策企画（主）担当）併任 電気通信紛争処理委員会事務局長

主要著書　『情報通信ルールの国際競争 ―日米のＦＴＡ戦略―』（早稲田大学出版部　令和 5 年）、『インターネットに自由はあるか』（中央経済社 平成24年）

総務省電気通信紛争処理委員会事務局参事官
Deputy Director-General, Telecommunications Dispute Settlement Commission's Secretariat

小 津　　敦 （おづ　あつし）

平成 5 年 4 月	郵政省入省
令和元年 7 月	公益社団法人日本経済研究センター研究本部主任研究員
令和 3 年 7 月	総務省総合通信基盤局電波部基幹・衛星移動通信課長
令和 4 年 6 月	総務省北陸総合通信局長
令和 5 年 7 月	総務省電気通信紛争処理委員会事務局参事官

総務省電波監理審議会審理官
Hearing Examiner, Radio Regulatory Council

村 上　　聡 （むらかみ　さとし）
昭和43年 6 月20日生．秋田県出身．
秋田県立横手高校，東北大学工学部，東北大学大学院工学研究科

平成 6 年 4 月	郵政省入省
平成26年 8 月	総務省総合通信基盤局電波部電波環境課企画官 併任 電波環境課認証推進室長
平成28年 4 月	内閣官房内閣サイバーセキュリティセンター企画官
平成29年 7 月	総務省総合通信基盤局電波部基幹・衛星移動通信課重要無線室長
平成30年 7 月	総務省国際戦略局宇宙通信政策課長
令和元年 8 月	内閣府参事官（課題実施担当）（政策統括官（科学技術・イノベーション担当）付）併任 参事官（統合戦略担当）（政策統括官（科学技術・イノベーション担当）付）併任 参事官（事業推進総括担当）（政策統括官（科学技術・イノベーション担当）付）
令和 3 年 7 月	情報通信研究機構総合テストベッド研究開発推進センター主管エキスパート
令和 4 年 6 月	総務省電波監理審議会審理官

総務省自治大学校長

宮 地 俊 明（みやち　としあき）

昭和42年1月28日生．愛知県出身．
東京大学法学部

平成元年4月	自治省入省
平成元年7月	宮崎県地方課
平成2年11月	国土庁防災局震災対策課
平成4年4月	自治省行政局選挙部管理課
平成5年4月	自治省財政局調整室
平成6年4月	山梨県政策審議室政策企画監
平成7年4月	山梨県環境保全課長
平成8年4月	山梨県財政課長
平成11年4月	自治省財政局準公営企業室課長補佐
平成11年10月	兼 公営企業第二課課長補佐
平成12年7月	自治省大臣官房総務課課長補佐 兼 税務局府県税課課長補佐
平成13年1月	総務省大臣官房秘書課課長補佐
平成13年4月	総務省自治税務局都道府県税課課長補佐
平成15年4月	総務省自治財政局調整課課長補佐
平成16年4月	総務省自治財政局地方債課理事官
平成17年4月	静岡市財政局長
平成19年4月	全国市町村職員共済組合連合会財務部長
平成21年4月	和歌山県総務部長
平成23年4月	内閣官房内閣参事官（内閣官房副長官補付）
平成26年4月	総務省総合通信基盤局電気通信事業部高度通信網振興課長
平成27年7月	岡山県副知事
平成30年7月	総務省自治行政局公務員部公務員課長
令和元年7月	内閣官房内閣審議官（内閣官房副長官補付）併任 内閣府大臣官房審議官（地方分権改革担当）併任 内閣府本府道州制特区担当室長 併任 内閣府本府地方分権改革推進室次長
令和2年8月	内閣官房内閣審議官（内閣官房副長官補付）併任 内閣府大臣官房審議官（地方分権改革担当）併任 内閣府本府道州制特区担当室長 併任 内閣府本府地方分権改革推進室長
令和3年7月	地方公務員共済組合連合会理事
令和5年7月	総務省自治大学校長

施設等機関・特別の機関

総務省情報通信政策研究所長
Director-General, Institute for Information and Communications Policy

林　　弘　郷（はやし　ひろさと）

昭和43年11月19日生．東京都出身．
東京大学法学部

平成 5 年	郵政省入省
平成17年	在大韓民国日本国大使館一等書記官
平成20年	総務省情報通信国際戦略局情報通信政策課参事官補佐
平成22年	総務省情報流通行政局放送政策課企画官
平成24年	内閣官房知的財産戦略推進事務局企画官
平成26年	総務省情報通信国際戦略局情報通信政策課情報通信経済室長
平成28年	総務省総合通信基盤局電波部電波環境課認証推進室長
平成29年	内閣府地方分権改革推進室参事官
令和 2 年 7 月	総務省情報流通行政局地上放送課長
令和 3 年 7 月	総務省総合通信基盤局総務課長
令和 4 年 6 月	総務省情報流通行政局総務課長
令和 5 年 7 月	総務省情報通信政策研究所長

総務省統計研究研修所長
Director-General Statistical Research and Training Institute

新たに資金調達を受けたAI企業数（国別・2022年）

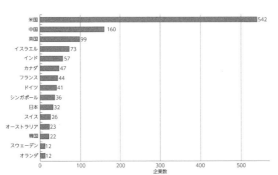

（出典）Stanford University「Artificial Intelligence Index Report 2023」

「令和5年版情報通信白書」より

総務省政治資金適正化委員会事務局長

荒 井 陽 一 (あらい よういち)

昭和46年10月26日生. 神奈川県出身.
東京大学法学部

平成 7 年 4 月	自治省入省
平成14年 7 月	総務省消防庁予防課課長補佐 兼 予防課防火安全室課長補佐
平成15年 7 月	静岡県浜松市財政部長
平成17年 8 月	内閣官房副長官補付
平成19年 7 月	総務省自治財政局地方債課課長補佐
平成19年12月	地方公務員共済組合連合会資金運用部企画管理課長
平成21年 6 月	総務省自治行政局地域政策課国際室国際協定専門官 兼 自治行政局市町村課外国人住民制度企画室
平成22年 4 月	香川県政策部次長 兼 政策部政策調整監・総務部防災局参事
平成23年 8 月	香川県総務部長
平成26年 4 月	自治体国際化協会審議役
平成26年 7 月	自治体国際化協会パリ事務所長
平成29年 7 月	内閣官房副長官補付内閣参事官 兼 東京オリンピック・東京パラリンピック競技大会推進本部事務局参事官
令和 2 年 7 月	自治体国際化協会事務局長
令和 5 年 7 月	総務省政治資金適正化委員会事務局長

総務省政治資金適正化委員会事務局参事官

西　野　博　之 (にしの　ひろゆき)

昭和52年1月16日生．福井県出身．
一橋大学経済学部

平成12年4月	自治省入省
平成18年4月	宮崎県商工観光労働部地域雇用対策監
平成19年4月	宮崎県福祉保健部児童家庭課長
平成20年4月	宮崎県総務部財政課長
平成22年4月	総務省人事恩給局参事官補佐 兼 自治行政局公務員部公務員課課長補佐
平成22年8月	自治行政局公務員部公務員課課長補佐の兼任解除
平成23年4月	京都市総合企画局政策企画室京都創生推進部長
平成25年8月	宮内庁侍従
平成30年7月	総務省大臣官房企画官 兼 大臣官房参事官 兼 自治財政局財政課復興特別交付税室長
平成31年4月	広島県地域政策局長
令和2年4月	宮内庁皇嗣職宮務官（皇嗣職事務主管）
令和4年10月	総務省大臣官房付 兼 自治行政局行政課2040戦略室長 兼 住民制度課
令和5年7月	総務省政治資金適正化委員会事務局参事官

施設等機関・特別の機関

世界のサイバーセキュリティ市場規模（売上高）の推移

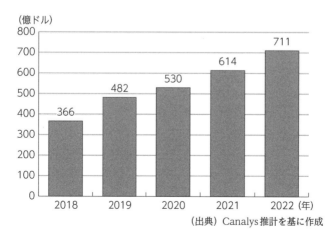

（億ドル）

（出典）Canalys推計を基に作成

総務省北海道管区行政評価局長
Director-General of the Hokkaido Regional Administrative
Evaluation Bureau

竹 中 一 人 (たけなか　かずひと)

昭和45年11月19日生．岐阜県出身．
本巣高校，筑波大学，
放送大学大学院（学術修士）

平成 5 年 4 月　総務庁入庁
平成24年 8 月　総務省行政評価局調査官
平成25年 6 月　総務省人事・恩給局人事政策課長
平成26年 5 月　総務省行政管理局管理官（独法評価担当）
平成27年 7 月　総務省行政評価局評価監視官（農林水産、環境、防衛担当）
平成28年 6 月　内閣府地方分権改革推進室参事官
平成30年 7 月　総務省大臣官房参事官
令和元年 7 月　総務省行政評価局評価監視官（連携調査、環境等担当）
令和 2 年 8 月　内閣官房内閣参事官（内閣広報室）併任 内閣府大臣官房参事官（政府広報室担当）
令和 3 年 8 月　内閣府公益認定等委員会事務局次長 併任 内閣府大臣官房公益法人行政担当室次長
令和 5 年 7 月　総務省北海道管区行政評価局長

総務省東北管区行政評価局長
Director-General of the Tohoku Regional Administrative Evaluation
Bureau

加 瀬 徳 幸（かせ　とくゆき）

昭和63年4月	総務庁入庁
平成22年7月	総務省人事・恩給局恩給企画課長
平成27年7月	総務省大臣官房政策評価広報課長
平成29年7月	総務省公害等調整委員会事務局次長
令和元年7月	総務省大臣官房審議官（大臣官房調整部門、恩給担当） 併任 行政不服審査会事務局長
令和3年7月	総務省行政管理局行政通則法制度研究官
令和5年7月	総務省東北管区行政評価局長

地方管区
行政評価局

総務省関東管区行政評価局長
Director-General of the Kanto Regional
Administrative Evaluation Bureau

砂 山　　裕（すなやま　ゆたか）

昭和45年 3 月14日生．群馬県出身．
早稲田大学法学部，米ハーバード大学公共政策修士

平成 4 年 4 月	総理府・総務庁採用
平成13年 1 月	総務省行政評価局評価監視調査官（政策評価官室）
平成13年 7 月	併任 行政評価局総務課
平成14年 7 月	併任 行政評価局総務課政策評価審議室
平成14年10月	総務省行政評価局総務課政策評価審議室課長補佐
平成15年 1 月	総務省行政評価局総務課課長補佐
平成15年 7 月	財務省主計局調査課課長補佐
平成16年 7 月	財務省主計局主計官補佐（文部科学第五係主査）
平成17年 7 月	総務省行政評価局評価監視調査官（独立行政法人評価担当）
平成17年 8 月	総務省行政評価局総括評価監視調査官（独立行政法人評価担当）
平成19年 8 月	総務省大臣官房秘書課課長補佐 併任 人事専門官
平成20年 7 月	総務省人事・恩給局総務課企画官
平成21年 9 月	総務省行政管理局調査官 併任 内閣官房 命 国務大臣秘書官事務取扱
平成23年 9 月	総務省行政評価局評価監視官（国土交通担当）
平成24年 7 月	外務省在ジュネーブ国際機関日本政府代表部参事官
平成27年 8 月	内閣官房内閣参事官（内閣人事局）（併）総務省行政管理局管理官（内閣・内閣府・総務・公調委・金融・財務等）
平成29年 7 月	総務省行政評価局評価監視官（総務、環境、行政運営効率化等担当）
平成30年 7 月	総務省行政評価局政策評価課長
令和元年 7 月	総務省行政評価局行政相談企画課長
令和 2 年 7 月	総務省行政評価局総務課長
令和 3 年 7 月	総務省大臣官房秘書課長 命 人事管理官
令和 4 年 7 月	総務省大臣官房審議官（行政評価局担当）
令和 5 年 7 月	総務省関東管区行政評価局長

主要論文　「国の行政機関におけるEBPMの取組実例の研究－現状と課題－」
（日本評価学会『日本評価研究』第20巻第 2 号、2020年）

総務省中部管区行政評価局長
Director-General of the Chubu Regional Administrative Evaluation
Bureau

井 筒 宏 和 (いづつ　ひろかず)

昭和41年9月27日生.　兵庫県出身.
東京大学法学部

平成3年4月	自治省入省
平成15年3月	内閣官房構造改革特区推進室参事官補佐、地域再生推進室併任
平成17年8月	北海道総務部財政課長、企画振興部地域主権局次長
平成20年4月	内閣府地方分権改革推進委員会事務局企画官
平成21年7月	市町村職員中央研修所研修部長
平成25年4月	総務省政治資金適正化委員会事務局参事官
平成27年7月	地方公共団体金融機構地方支援部長 兼 地方支援部総括主任研究員
平成29年7月	全国市町村研修財団審議役 命 全国市町村国際文化研修所教務部長
平成30年4月	地方公務員災害補償基金事務局長
令和2年7月	危険物保安技術協会監事
令和3年7月	地方公務員災害補償基金理事
令和3年9月	地方公務員共済組合連合会監事
令和5年7月	総務省中部管区行政評価局長

地方管区
行政評価局

総務省近畿管区行政評価局長
Director-General of the Kinki Regional Administrative Evaluation
Bureau

栗　田　奈央子 （くりた　なおこ）
昭和42年7月11日生．東京都出身．
早稲田大学法学部

平成 3 年 4 月	総理府政府広報室
平成10年 7 月	大蔵省理財局国有財産第二課課長補佐
平成18年10月	内閣府男女共同参画局調査課調査官
平成20年 7 月	内閣府賞勲局審査官
平成22年 7 月	内閣府官民競争入札等監理委員会事務局参事官
平成24年 9 月	総務省統計局統計調査部経済統計課長
平成26年 5 月	内閣官房内閣参事官（内閣人事局）
平成28年 6 月	総務省統計局統計調査部国勢統計課長
平成29年 4 月	総務省統計局統計調査部調査企画課長 併任 国勢統計課長
平成30年 8 月	内閣府男女共同参画局調査課長
平成30年 9 月	内閣府男女共同参画局総務課長
令和 2 年 8 月	総務省大臣官房政策評価広報課長 併任 政策立案支援室長
令和 3 年 7 月	総務省公害等調整委員会事務局次長
令和 4 年 6 月	総務省東北管区行政評価局長
令和 5 年 7 月	総務省近畿管区行政評価局長

総務省中国四国管区行政評価局長

Director-General of the Chugoku-Shikoku Regional Administrative
Evaluation Bureau

髙 田 義 久 (たかだ　よしひさ)

三重県出身.
東京大学法学部

平成 5 年 4 月	郵政省入省
平成21年 7 月	総務省情報通信政策研究所調査研究部長
平成21年 9 月	併任 総合通信基盤局電波部移動通信課推進官
平成22年 4 月	慶應義塾大学メディア・コミュニケーション研究所准教授 (研究休職)
平成25年 4 月	総務省情報通信国際戦略局国際協力課国際展開支援室長
平成27年 9 月	株式会社三菱東京ＵＦＪ銀行 (官民交流)
平成29年 7 月	総務省情報通信国際戦略局情報通信政策課情報通信経済室長
平成30年 7 月	金融庁監督局郵便保険監督参事官
令和元年 7 月	総務省情報流通行政局郵政行政部貯金保険課長
令和 3 年 7 月	総務省情報流通行政局郵政行政部企画課長
令和 4 年 6 月	総務省九州管区行政評価局長
令和 5 年 7 月	総務省中国四国管区行政評価局長

地方管区
行政評価局

総務省四国行政評価支局長
Director-General of the Shikoku Branch
Office of Regional Administrative Evaluation
Bureau

安 仲 陽 一 （やすなか　よういち）

昭和40年12月 6 日生．大分県出身．
九州大学法学部

平成元年 4 月　総務庁入庁（九州管区行政監察局）
平成21年 7 月　総務省行政評価局評価監視調査官
平成23年 7 月　総務省行政評価局総務課課長補佐
平成24年 7 月　総務省行政管理局副管理官
平成26年 7 月　総務省行政評価局評価監視調査官
平成27年 4 月　総務省行政評価局総括評価監視調査官
平成28年 4 月　総務省行政評価局調査官 兼 総括評価監視調査官
平成30年 7 月　総務省行政評価局総務課企画官
令和 2 年 4 月　総務省行政評価局評価監視官（厚生労働等担当）
令和 5 年 4 月　総務省四国行政評価支局長

総務省九州管区行政評価局長
Director-General of the Kyushu Regional Administrative Evaluation
Bureau

磯　　　寿　生（いそ　としお）
昭和44年 1 月生．大阪府出身．
東京大学法学部

平成 4 年 4 月	郵政省入省
平成19年 7 月	情報通信政策局総合政策課統括補佐
平成20年 8 月	岡山県警察本部警務部長
平成22年 7 月	総務省情報通信国際戦略局情報通信政策課融合戦略企画官
平成23年 7 月	総務省情報通信国際戦略局情報通信政策課情報通信経済室長
平成25年 7 月	総務省情報流通行政局地域通信振興課地方情報化推進室長
平成27年 7 月	文部科学省生涯学習政策局情報教育課長
平成29年 6 月	官民交流（コニカミノルタ株式会社）
令和元年 7 月	総務省情報流通行政局地域通信振興課長
令和 2 年 7 月	独立行政法人郵便貯金簡易生命保険管理・郵便局ネットワーク支援機構総務部長
令和 3 年 7 月	総務省四国総合通信局長
令和 4 年 6 月	総務省北海道総合通信局長
令和 5 年 7 月	総務省九州管区行政評価局長

地方管区
行政評価局

総務省沖縄行政評価事務所長
Director of the Okinawa Administrative Evaluation
Office

仲　里　　　均（なかざと　ひとし）

昭和38年 4 月22日生．沖縄県出身．
琉球大学法文学部

平成元年 4 月	総務庁入庁
平成27年 5 月	総務省行政評価局総括評価監視調査官（法務、外務、文部科学等担当）
平成28年 4 月	総務省北海道管区行政評価局第一部次長 併任 第二部次長
平成29年 4 月	総務省九州管区行政評価局第二部次長 併任 総務課長
平成29年10月	総務省九州管区行政評価局地域総括評価官 併任 総務課長
平成31年 4 月	総務省中部管区行政評価局地域総括評価官
令和 3 年 4 月	総務省関東管区行政評価局地域総括評価官
令和 5 年 4 月	総務省沖縄行政評価事務所長

サイバーセキュリティに関する問題が引き起こす経済的損失

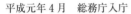

調査・分析の実施主体	対象地域	対象期間	経済的損失の概要	損失額
トレンドマイクロ	日本	2021年	セキュリティインシデントに起因した1組織あたり年間平均被害額	3億2,850万円
警察庁	日本	2022年上半期	ランサムウェア被害に関連して要した調査・復旧費用の総額	20%が100万円未満 14%が100万～500万円未満 10%が500万～1,000万円未満 37%が1,000万～5,000万円未満 18%が5,000万以上
FBI	米国	2021年	サイバー犯罪事件による被害報告額	69億ドル
NFIB	英国	2022年	サイバー犯罪による被害報告総額	630万ポンド
Sophos	世界31か国	2021年	直近のランサムウェア攻撃の修復に要した1組織あたりの年間平均コスト	140万ドル
IBM	世界	2022年	組織における1回のデータ侵害にかかる世界平均コスト	435万ドル
Cybersecurity Ventures	世界	2023年【予測】	サイバー犯罪によるコスト	8兆ドル
McAfee、CSIS	世界	2020年	サイバー犯罪によるコスト	9,450億ドル

（出典）各種公開資料を基に作成

総務省北海道総合通信局長
Director-General of the Hokkaido Bureau of Telecommunications

廣　重　憲　嗣（ひろしげ　けんじ）

昭和45年3月31日生．山口県出身．
山口県立岩国高校，
東京大学大学院

平成7年4月　　郵政省入省
平成28年7月　　総務省総合通信基盤局電気通信事業部電気通信技術システム課番号企画室長
平成29年7月　　総務省情報通信国際戦略局国際経済課多国間経済室長
令和元年7月　　国立研究開発法人情報通信研究機構オープンイノベーション推進本部デプロイメント推進部門長
令和3年7月　　独立行政法人郵便貯金簡易生命保険管理・郵便局ネットワーク支援機構保険部長
令和5年7月　　総務省北海道総合通信局長

地方
総合通信局

総務省東北総合通信局長
Director-General of the Tohoku Bureau of Telecommunications

中 沢 淳 一（なかざわ　じゅんいち）

昭和43年 3 月27日生．宮城県出身．
東京大学工学部

平成 2 年 4 月	郵政省入省
平成18年 8 月	総務省総合通信基盤局電波部電波環境課企画官
平成19年 7 月	文部科学省初等中等教育局参事官付情報教育調整官（併任）情報教育調査官
平成21年 4 月	文部科学省生涯学習政策局参事官付企画官（併任）情報教育調査官
平成21年 7 月	総務省総合通信基盤局電気通信事業部データ通信課企画官
平成23年 7 月	総務省総合通信基盤局電気通信事業部電気通信技術システム課番号企画室長
平成24年 8 月	総務省情報流通行政局衛星・地域放送課技術企画官
平成25年 7 月	官民交流派遣
平成27年 8 月	総務省総合通信基盤局電波部移動通信課
平成28年 7 月	国立研究開発法人情報通信研究機構オープンイノベーション推進本部事務局長
平成30年 7 月	総務省審理官
令和元年 7 月	国立研究開発法人情報通信研究機構執行役 兼務 オープンイノベーション推進本部長
令和 3 年 4 月	国立研究開発法人情報通信研究機構理事
令和 5 年 4 月	国立研究開発法人情報通信研究機構執行役 兼 オープンイノベーション推進本部長
令和 5 年 7 月	総務省東北総合通信局長

総務省関東総合通信局長
Director-General of the Kanto Bureau of Telecommunications

高 地 圭 輔 （たかち　けいすけ）

昭和43年12月19日生．東京都出身．
私立武蔵高等学校，東京大学法学部，
九州大学大学院経済学府博士後期課程

平成 3 年 4 月	郵政省入省
平成25年 7 月	総務省情報通信国際戦略局国際経済課長
平成26年 7 月	総務省情報通信国際戦略局付
平成28年 6 月	総務省情報通信国際戦略局参事官
平成29年 7 月	総務省総合通信基盤局電波部基幹・衛星移動通信課長
平成30年 7 月	総務省国際戦略局国際政策課長
令和元年 7 月	総務省大臣官房会計課長 併：予算執行調査室長
令和 2 年 7 月	総務省情報通信政策研究所長
令和 4 年 1 月	総務省大臣官房サイバーセキュリティ・情報化審議官 併任 情報通信政策研究所長
令和 4 年 6 月	総務省大臣官房サイバーセキュリティ・情報化審議官 併任 電気通信紛争処理委員会事務局長
令和 5 年 7 月	総務省関東総合通信局長

地方総合通信局

資格　博士（経済学、九州大学）

総務省信越総合通信局長
Director - General of the Shinetsu Bureau of Telecommunications

藤　田　和　重 （ふじた　かずしげ）

昭和43年8月21日生．青森県出身．
青森県立八戸高校，東京大学工学部電気工学科

平成3年4月	郵政省入省
平成21年7月	総務省情報通信国際戦略局技術政策課企画官
平成23年7月	総務省情報通信国際戦略局通信規格課企画官
平成24年8月	東京工業大学ソリューション研究機構特任教授
平成27年8月	総務省情報通信国際戦略局通信規格課長
平成28年6月	国立研究開発法人情報通信研究機構オープンイノベーション推進本部イノベーション推進部門長
平成30年7月	総務省総合通信基盤局電気通信事業部電気通信技術システム課長
令和元年7月	総務省審理官（電波監理審議会）
令和3年7月	国立研究開発法人宇宙航空研究開発機構理事補佐 兼 情報化統括
令和5年7月	総務省信越総合通信局長

総務省北陸総合通信局長
Director-General of the Hokuriku Bureau of Telecommunications

菱　田　光　洋（ひしだ　みつひろ）

昭和46年 6 月18日生. 広島県出身.
東京大学法学部

平成 6 年 4 月	郵政省入省
平成23年 8 月	総務省情報通信国際戦略局国際経済課企画官
平成24年 8 月	総務省情報通信国際戦略局国際経済課多国間経済室長
平成25年 7 月	兼　内閣官房副長官補付企画官 兼　ＴＰＰ政府対策本部交渉官
平成29年 7 月	国立研究開発法人情報通信研究機構オープンイノベーション推進本部デプロイメント推進部門長
令和元年 7 月	総務省国際戦略局国際経済課長
令和 3 年 7 月	総務省国際戦略局参事官 併任 国際経済課長
令和 3 年10月	総務省国際戦略局参事官 併任 国際経済課多国間経済室
令和 5 年 7 月	総務省北陸総合通信局長

地方
総合通信局

総務省東海総合通信局長
Director-General of the Tokai Bureau of Telecommunications

北　林　大　昌（きたばやし　だいすけ）

昭和42年5月23日生．大阪府出身．
京都大学法学部

平成2年4月	郵政省入省
平成21年7月	独立行政法人情報通信研究機構情報通信振興部門長
平成23年4月	独立行政法人情報通信研究機構産業振興部門長
平成23年7月	総務省大臣官房付 兼 内閣官房副長官補付内閣参事官
平成25年7月	野村證券株式会社
平成27年7月	総務省情報流通行政局郵政行政部郵便課長
平成29年7月	総務省情報流通行政局郵政行政部企画課長
平成30年7月	内閣官房内閣参事官（内閣官房副長官補付）命 内閣官房郵政民営化推進室副室長 併任 郵政民営化委員会事務局次長
令和2年7月	国立研究開発法人情報通信研究機構総務部長
令和3年7月	総務省総合通信基盤局電気通信事業部長
令和4年6月	総務省東海総合通信局長

総務省近畿総合通信局長
Director-General of the Kinki Bureau of
Telecommunications

菱 沼 宏 之（ひしぬま　ひろゆき）

昭和44年1月11日生．茨城県出身．A型
茨城高校，早稲田大学法学部，
シラキュース大学院国際関係論

平成3年4月	郵政省入省
平成11年7月	郵政省電気通信局業務課課長補佐
平成14年7月	在香港日本国総領事館領事
平成17年8月	総務省総合通信基盤局国際部国際政策課統括補佐
平成18年8月	総務省総合通信基盤局総務課統括補佐
平成19年7月	総務省総合通信基盤局電気通信事業部電気通信技術システム課企画官 兼 安全・信頼性対策室長
平成20年7月	総務省総合通信基盤局電気通信事業部事業政策課調査官
平成21年7月	独立行政法人情報通信研究機構総合企画部統括 兼 評価室長
平成23年7月	独立行政法人情報通信研究機構国際推進部門統括 兼 欧州連携センター長
平成26年7月	総務省情報流通行政局郵政行政部貯金保険課長（併：内閣官房副長官補付 命 内閣官房郵政民営化推進室参事官）
平成28年6月	総務省情報通信国際戦略局国際経済課長
平成29年9月	総務省国際戦略局国際経済課長
平成30年7月	内閣官房内閣参事官（内閣官房副長官補付）命 内閣官房郵政民営化推進室参事官 併任 郵政民営化委員会事務局参事官
令和2年7月	総務省情報流通行政局郵政行政部企画課長
令和3年7月	日本郵政株式会社内部監査部長 兼 日本郵便株式会社内部監査部部長
令和5年7月	総務省近畿総合通信局長

資格　宅地建物取引主任者，マネー・ローンダリング対策実務3級
趣味　マラソン，旅行，切手収集
学生時代の所属部　野球部，卓球部，テニス

総合通信局
地方

総務省中国総合通信局長
Director-General of the Chugoku Bureau of Telecommunications

小 原 弘 嗣 （こはら　ひろつぐ）

昭和44年7月生．広島県出身．
東京大学経済学部

平成 6 年 4 月	郵政省入省
平成22年 7 月	総務省情報通信国際戦略局国際政策課国際交渉専門官
平成24年 8 月	金融庁監督局総務課監督企画官
平成26年 8 月	内閣府情報公開・個人情報保護審査会事務局審査官
平成28年 4 月	総務省情報公開・個人情報保護審査会事務局審査官
平成29年 7 月	一般財団法人マルチメディア振興センター北京事務所長
令和 2 年 4 月	独立行政法人郵便貯金簡易生命保険管理・郵便局ネットワーク支援機構企画役
令和 2 年 7 月	独立行政法人郵便貯金簡易生命保険管理・郵便局ネットワーク支援機構貯金部長
令和 5 年 7 月	総務省中国総合通信局長

総務省四国総合通信局長
Director-General of the Shikoku Bureau of Telecommunications

田　口　幸　信（たぐち　ゆきのぶ）

昭和39年4月生. 滋賀県出身.
滋賀県立守山高校

昭和60年4月	郵政省入省（近畿電気通信監理局）
昭和63年6月	郵政省放送行政局有線放送課
平成3年6月	郵政省通信政策局総務課
平成7年7月	郵政省電気通信局電波部移動通信課
平成9年7月	郵政省大臣官房総務課行政改革室
平成11年7月	放送大学学園放送部企画管理課企画係長
平成12年7月	郵政省電気通信局総務課総務係長
平成14年8月	総務省総合通信基盤局高度通信網振興課専門職
平成15年8月	総務省大臣官房秘書課総務係長
平成17年8月	総務省情報通信政策研究所研修部教官
平成19年7月	総務省総合通信基盤局電気通信事業部事業政策課調整係長
平成21年4月	国立情報学研究所総務部研究促進課長
平成24年7月	総務省大臣官房秘書課課長補佐
令和元年7月	総務省信越総合通信局総務部長
令和2年8月	総務省大臣官房秘書課調査官
令和4年6月	総務省総合通信基盤局電波部基幹・衛星移動通信課長
	併任 消防庁国民保護・防災部参事官
令和5年7月	総務省四国総合通信局長

地方
総合通信局

主要著書　『ＣＡＴＶ事業の手引 −事業計画の策定から許可・運営にい
たるまで』郵政省放送行政局有線放送課 監修（共編著）（電波タイムス
社 平成元年）、『ＩＴ知財と法務 −ビジネスモデル＆コンプライアンス
プログラムの構築』（共編著）（日刊工業新聞社 平成20年）

総務省九州総合通信局長
Director-General of the Kyushu Bureau of Telecommunications

塩　崎　充　博（しおざき　みつひろ）

昭和40年10月21日生．東京都出身．
東京大学教育学部附属高等学校，横浜国立大学工学部，
横浜国立大学大学院工学研究科

平成 3 年 4 月	郵政省入省
平成17年 8 月	総務省情報通信政策局技術政策課統括補佐
平成19年 7 月	内閣官房情報通信技術（IT）担当室主幹
平成20年 7 月	内閣官房情報通信技術（IT）担当室企画調査官
平成21年 7 月	独立行政法人情報通信研究機構研究推進部門統括 兼 国際推進グループワシントン事務所長（在ワシントンDC）
平成23年 4 月	独立行政法人情報通信研究機構研究推進部門統括 兼 北米連携センター長（在ワシントンDC）
平成24年 8 月	総務省情報通信国際戦略局通信規格課企画官
平成25年 6 月	総務省情報流通行政局放送技術課技術企画官
平成26年 8 月	総務省総合通信基盤局電気通信事業部電気通信技術システム課長
平成28年 7 月	国立大学法人東北大学電気通信研究所特任教授
平成30年 7 月	総務省総合通信基盤局電波部電波環境課長
令和元年 7 月	総務省情報流通行政局放送技術課長
令和 2 年 7 月	国立研究開発法人情報通信研究機構オープンイノベーション推進本部イノベーション推進部門長
令和 3 年 7 月	国立研究開発法人情報通信研究機構執行役 兼 オープンイノベーション推進本部長
令和 4 年 6 月	総務省信越総合通信局長
令和 5 年 7 月	総務省九州総合通信局長

総務省沖縄総合通信事務所長
Director-General of the Okinawa Office of Telecommunications

越　後　和　徳（えちご　かずのり）

昭和43年7月22日生．宮城県出身．
宮城県古川高校，東北大学工学部，
東北大学大学院工学研究科

平成5年4月	郵政省入省
平成20年7月	独立行政法人情報通信研究機構理事長秘書
平成22年7月	総務省総合通信基盤局電波部移動通信課新世代移動通信システム推進室長
平成23年5月	総務省東北総合通信局東日本大震災復興対策支援室長
平成25年7月	総務省総合通信基盤局電波部電波政策課電波利用料企画室長
平成27年8月	総務省総合通信基盤局電波部基幹通信課重要無線室長
平成28年7月	総務省情報通信国際戦略局技術政策課研究推進室長
平成29年7月	内閣官房内閣参事官
令和2年7月	総務省総合通信基盤局電気通信事業部電気通信技術システム課長
令和3年7月	総務省電波監理審議会審理官
令和4年6月	国立研究開発法人情報通信研究機構広報部長
令和5年7月	総務省沖縄総合通信事務所長

地方総合通信局

総務省公害等調整委員会事務局長

小 原 邦 彦 (こはら くにひこ)

昭和42年2月10日生. 岡山県出身.
東京大学法学部

平成3年4月	総務庁入庁
平成24年9月	総務省行政評価局評価監視官（厚生労働等担当）
平成26年7月	総務省恩給企画管理官（政策統括官付）
平成27年7月	総務省公害等調整委員会事務局総務課長
平成30年4月	総務省官民競争入札等監理委員会事務局参事官
令和3年7月	総務省大臣官房政策評価広報課長 併任 総務課管理室長 併任 政策立案支援室長
令和4年6月	総務省公害等調整委員会事務局次長
令和5年7月	総務省公害等調整委員会事務局長

総務省公害等調整委員会事務局次長

岡 田 輝 彦 (おかだ　てるひこ)

昭和45年5月12日生．兵庫県出身．
東京大学法学部

平成5年4月	自治省入省
平成23年7月	全国市町村職員共済組合連合会財務部長
平成24年7月	総務省自治行政局選挙部政治資金課政党助成室長
平成25年7月	長崎市副市長
平成27年4月	総務省消防庁予防課特殊災害室長
平成28年4月	総務省消防庁国民保護・防災部防災課防災情報室長
平成29年7月	一般財団法人自治体国際化協会事務局長
平成30年7月	公益財団法人東京オリンピック・パラリンピック競技大会組織委員会事務局聖火リレー室長
令和3年10月	内閣府地方創生推進事務局参事官　併任　内閣府本府地方創生推進室次長
令和5年7月	総務省公害等調整委員会事務局次長

総務省公害等調整委員会事務局総務課長

福 田　　　勲（ふくだ　いさお）

昭和44年10月31日生．山形県出身．
山形東高等学校，東京大学経済学部

平成 6 年 4 月	総務庁入庁
平成23年 7 月	総務省人事・恩給局企画官 併任 内閣官房副長官補付 併任 内閣官房副長官補付企画官 命 内閣官房行政改革推進室企画官 併任 内閣府本府行政刷新会議事務局
平成25年 1 月	内閣官房行政改革推進本部事務局企画官 併任 内閣府大臣官房行政改革関係組織検討準備室企画官
平成26年 7 月	総務省行政評価局調査官
平成27年 7 月	総務省行政評価局評価監視官
平成28年 6 月	厚生労働省社会・援護局援護・業務課長
平成30年 7 月	内閣官房内閣参事官（内閣官房副長官補付）併任 内閣府参事官（総括担当）（政策統括官（経済財政運営担当）付）併任 内閣府本府地方分権改革推進室参事官
令和 2 年 7 月	総務省情報公開・個人情報保護審査会事務局総務課長
令和 4 年 6 月	地方公務員災害補償基金事務局長 命 総務課長事務取扱
令和 5 年 7 月	総務省公害等調整委員会事務局総務課長

国際緊急援助の概要

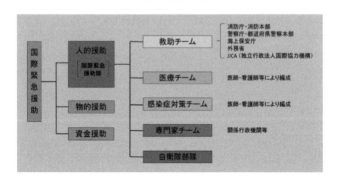

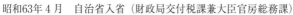

総務省消防庁長官
Commissioner of the Fire and Disaster
Management Agency

原　　邦　彰 （はら　くにあき）

昭和39年9月18日生．神奈川県出身．
東京大学法学部

昭和63年4月	自治省入省（財政局交付税課兼大臣官房総務課）
昭和63年7月	茨城県地方課
平成元年4月	茨城県財政課
平成2年4月	消防庁総務課
平成2年10月	自治省財政局財政課
平成5年4月	宮崎県人事課行政管理監
平成6年4月	宮崎県地域振興室長
平成6年10月	宮崎県財政課長
平成9年4月	経済企画庁財政金融課課長補佐
平成11年4月	自治省税務局固定資産税課審査訴訟専門官
平成12年8月	自治省財政局調整室課長補佐
平成13年1月	総務省自治財政局調整課課長補佐
平成14年2月	総務省自治税務局企画課課長補佐
平成15年8月	総務省自治財政局財政課理事官
平成16年4月	総務省自治財政局財政課財政企画官
平成17年4月	和歌山県総務部長
平成19年1月	和歌山県副知事
平成21年4月	総務省自治行政局公務員部公務員課給与能率推進室長
平成22年7月	内閣官房内閣参事官（内閣官房副長官補付）
平成24年9月	総務省自治行政局市町村体制整備課長
平成25年4月	総務省自治行政局市町村課長
平成26年4月	総務省自治財政局財務調査課長
平成27年7月	総務省自治財政局調整課長
平成29年7月	内閣官房内閣審議官（内閣総務官室）命 内閣官房人事管理官 命 内閣官房皇室典範改正準備室副室長 併任 内閣官房人事局
平成30年7月	内閣官房内閣総務官室内閣総務官 併任 内閣人事局人事政策統括官 命 内閣官房皇室典範改正準備室長 命 皇位継承式典事務局次長 併任 内閣府大臣官房
令和2年7月	総務省大臣官房長
令和4年6月	総務省自治財政局長
令和5年7月	総務省消防庁長官

消
防
庁

総務省消防庁次長
Vice‐Commissioner of the Fire and Disaster
Management Agency

五　味　裕　一（ごみ　ゆういち）

昭和43年2月27日生．東京都出身．
桐朋高校，東京大学法学部

平成2年4月	自治省財政局指導課 兼 大臣官房総務課
平成12年4月	自治省大臣官房総務課課長補佐（兼 大臣官房企画室課長補佐）
平成12年7月	自治省大臣官房総務課課長補佐（内閣官房政策審議室（内閣官房副長官秘書官）併任）
平成13年1月	総務省大臣官房秘書課課長補佐（内閣官房副長官補付 併任）
平成14年7月	総務省自治財政局地方債課課長補佐
平成16年4月	大阪府総務部財政課長
平成18年8月	総務省自治財政局調整課財政制度調整官（自治財政局公営企業課 併任）（内閣官房副長官補付 併任）（命 内閣官房行政改革推進室企画官）（行政改革推進本部事務局局員 併任）
平成19年7月	総務省大臣官房企画課企画官（大臣官房企画課頑張る地方応援室 併任）（年金業務・社会保険庁監視等委員会事務室調査員 併任）
平成20年4月	さいたま市審議監
平成21年10月	さいたま市副市長
平成24年4月	総務省消防庁国民保護・防災部防災課国民保護室長（内閣官房内閣参事官（内閣官房副長官補付）併任）
平成26年4月	兵庫県企画県民部長
平成28年6月	総務省大臣官房付（内閣官房副長官補付 併任）（内閣府参事官（統括担当）（政策統括官（経済財政運営担当）付）併任）（内閣府本府地方分権改革推進室参事官 併任）
平成29年7月	地方公共団体金融機構経営企画部長
令和元年7月	総務省消防庁総務課長
令和2年7月	総務省消防庁審議官
令和3年7月	内閣府大臣官房審議官（防災担当）併任 内閣官房内閣審議官（内閣官房副長官補付）命 内閣官房船舶活用医療推進本部設立準備室次長 命 内閣官房国土強靱化推進室審議官
令和5年7月	総務省消防庁次長

総務省消防庁審議官
Assistant Commissioner of the Fire and
Disaster Management Agency

鈴 木 建 一（すずき　けんいち）

佐賀県出身.
東京大学教育学部

平成 3 年 4 月	厚生省入省
平成25年 7 月	内閣府参事官（社会システム担当）
平成27年10月	厚生労働省社会・援護局保護課長
平成30年 7 月	厚生労働省健康局総務課長
令和 2 年 9 月	日本年金機構本部審議役
令和 3 年 5 月	日本年金機構理事（事業企画部門担当）
令和 4 年 7 月	総務省消防庁審議官

消
防
庁

総務省消防庁総務課長
Director of the General Affairs Division

河 合 宏 一 （かわい　こういち）

昭和46年8月生．京都府出身．
京都大学法学部

平成6年4月	自治省採用
平成17年12月	総務省大臣官房政策評価広報課評価専門官
平成18年4月	外務省在英国日本国大使館一等書記官
平成21年6月	総務省消防庁総務課長補佐
平成21年7月	内閣府参事官補佐
平成23年4月	福岡県企画・地域振興部次長
平成26年4月	総務省消防庁国民保護・防災部防災課地域防災室長
平成27年7月	全国知事会事務局部長
平成28年6月	神奈川県拉致問題担当局長 兼 グローバル戦略担当局長
平成29年4月	神奈川県県民局長 兼 拉致問題担当局長
平成30年4月	神奈川県国際文化観光局長 兼 拉致問題担当局長
令和2年4月	神奈川県理事（特定課題担当）
令和2年4月	地方公共団体金融機構資金部長
令和4年7月	内閣官房船舶活用医療推進本部設立準備室参事官
令和5年7月	総務省消防庁総務課長

総務省消防庁消防・救急課長
Director of the Fire and Ambulance Service Division

畑 山 栄 介 （はたけやま　えいすけ）

昭和49年8月5日生．北海道出身．
東京大学法学部

平成9年4月	自治省入省　平成21年4月　総務省大臣官房政策評価広報課評価専門官　平成21年9月　総務省自治税務局固定資産税課審査訴訟専門官　平成22年7月　政策研究大学院大学政策研究科准教授
平成25年8月	総務省自治行政局地域政策課理事官
平成26年4月	総務省大臣官房政策評価広報課企画官 兼 秘書課コンプライアンス室次長
平成27年4月	宮崎県商工観光労働部次長
平成28年4月	宮崎県総務部危機管理統括監
平成29年4月	宮崎県福祉保健部長
平成30年4月	宮崎県総務部長
平成31年4月	総務省自治行政局地域自立応援課地域振興室長 兼 人材力活性化・連携交流室長
令和2年7月	内閣府政策統括官（沖縄政策担当）付参事官（企画担当）
令和4年6月	総務省自治行政局国際室長
令和5年4月	総務省大臣官房付（自治行政局地域自立応援課）
令和5年7月	総務省消防庁消防・救急課長

総務省消防庁予防課長
Director of the Fire Prevention Division

渡 辺 剛 英（わたなべ　たけひで）

神奈川県出身.
早稲田大学理工学部

平成 4 年 4 月	自治省入省（消防庁）〔総務省消防庁予防課理事官　併任 設備専門官〕を経て
平成22年 7 月	経済産業省原子力安全・保安院原子力防災課火災対策室長
平成24年 4 月	総務省消防庁予防課特殊災害室長
平成25年 4 月	鳥取県危機管理局原子力安全対策監
平成26年 4 月	鳥取県危機管理局原子力安全対策監 兼 副局長
平成27年 4 月	総務省消防大学校消防研究センター技術研究部長
平成30年 4 月	総務省消防庁予防課危険物保安室長
令和 5 年 4 月	総務省消防庁予防課長

救助チーム等の派遣（要請）までの流れ

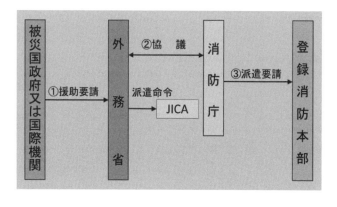

「令和 4 年版消防白書」より

総務省消防庁国民保護・防災部長
Director-General of the Civil Protection and
Disaster Management Department

小　谷　　　敦（おだに　あつし）

昭和44年11月8日生．京都府出身．
京都教育大学附属高校，東京大学法学部

平成5年4月	自治省入省
平成11年4月	徳島市財政部長 兼 理事
平成13年7月	総務省総合通信基盤局電気通信事業部高度通信網振興課課長補佐
平成14年8月	総務省総合通信基盤局電気通信事業部事業政策課課長補佐
平成15年4月	兵庫県県民政策部政策室課長
平成16年4月	兵庫県企画管理部企画調整局市町振興課長
平成18年4月	兵庫県企画管理部企画調整局財政課長
平成20年4月	総務省自治財政局地方債課理事官
平成21年4月	総務省大臣官房付（内閣官房副長官補付 併任）（命 内閣官房地域活性化統合事務局企画官）（内閣総務官室 併任）（内閣府本府構造改革特区担当室 併任）（内閣府本府地域再生事業推進室 併任）（内閣府本府地域活性化推進担当室企画官 併任）
平成22年4月	国土交通省都市・地域整備局地方振興課調整官（内閣官房副長官補付 併任）（命 内閣官房地域活性化統合事務局企画官）（内閣府本府地域活性化推進室企画官 併任）
平成23年7月	国土交通省国土政策局地方振興課調整官
平成24年4月	高知県総務部長
平成27年4月	内閣官房内閣参事官（内閣官房副長官補付）
平成27年7月	総務省大臣官房付（内閣官房内閣参事官（内閣官房副長官補付）併任）
平成28年8月	内閣官房内閣参事官（内閣官房副長官補付）
平成29年7月	総務省大臣官房付（内閣官房内閣参事官（内閣官房副長官補付 併任）（内閣府本府地方分権改革推進室参事官 併任）（内閣府参事官（総括担当）（政策統括官（経済財政運営担当）付）併任）
平成30年1月	（地方創生推進事務局参事官（構造改革特別区域担当）併任）（地方創生推進事務局参事官（総合特別区域担当）併任）（地方創生推進事務局参事官（国家戦略特別区域担当）併任）
令和元年7月	総務省消防庁国民保護・防災部防災課長
令和2年7月	総務省自治行政局選挙部政治資金課長
令和3年7月	岡山県副知事
令和5年7月	総務省消防庁国民保護・防災部長

総務省消防庁国民保護・防災部防災課長
Director of the Disaster Management Division

笹　野　　健（ささの　たけし）

昭和47年 5 月30日生．神奈川県出身．A 型
浅野高校，東京大学

平成 7 年 4 月	自治省入省
平成22年 4 月	総務省消防庁総務課理事官
平成23年 7 月	石巻市役所復興担当審議監
平成24年 2 月	石巻市副市長
平成28年 6 月	総務省自治行政局公務員部給与能率推進室長
平成30年 4 月	内閣官房番号制度推進室、内閣参事官
令和 3 年 7 月	国土交通省国土政策局特別地域振興官
令和 4 年 7 月	総務省自治行政局公務員部福利課長
令和 5 年 7 月	総務省消防庁国民保護・防災部防災課長

総務省消防庁国民保護・防災部参事官
Counsellor of the Civil Protection and Disaster Management
Department

小　泉　　誠（こいずみ　まこと）

開成高校，東京大学法学部

令和 2 年 7 月	国土交通省道路局総務課高速道路経営管理室長
令和 3 年 7 月	一般財団法人運輸総合研究所主任研究員、企画部次長
令和 4 年 7 月	独立行政法人鉄道建設・運輸施設整備支援機構総務部総務課長
令和 5 年 7 月	総務省消防庁国民保護・防災部参事官

総務省消防庁消防大学校長
President of the Fire and Disaster
Management College

青 山 忠 幸 （あおやま　ただゆき）
昭和42年1月26日生．愛知県出身．
東京大学法学部

平成 3 年 4 月	自治省入省
平成10年 4 月	大分県総務部財政課長
平成12年 4 月	国土庁地方振興局総務課過疎対策室課長補佐
平成13年 1 月	総務省消防庁救急救助課国際協力官 兼 課長補佐
平成14年 4 月	総務省自治税務局市町村税課課長補佐
平成16年 4 月	香川県政策部次長
平成17年 4 月	香川県環境森林部次長 兼 政策調整監・総務部防災局参事
平成18年 4 月	香川県環境森林部長
平成20年 4 月	総務省情報通信政策局地域通信振興課地方情報化推進室長
平成20年 7 月	総務省情報流通行政局地域通信振興課地方情報化推進室長
平成22年 7 月	地方公務員共済組合連合会資金運用部長
平成23年 6 月	経済産業省大臣官房総務課企画調整官
平成24年 4 月	日本消防協会国際部長 兼 審議役
平成25年 4 月	全国市町村職員共済組合連合会事務局長
平成27年 4 月	東京都産業労働局産業企画担当部長
平成27年10月	兼 オリンピック・パラリンピック調整担当部長
平成29年 4 月	東京都都市整備局基地対策部長
平成30年 4 月	地方公共団体情報システム機構住民基本台帳ネットワークシステム全国センター総括審議役
平成30年 7 月	地方公共団体情報システム機構事務局情報化支援戦略部長
令和元年 7 月	個人情報保護委員会事務局総務課長
令和 2 年 8 月	地方公共団体情報システム機構事務局総括審議役
令和 3 年 6 月	地方公共団体情報システム機構総合行政ネットワーク全国センター長
令和 5 年 7 月	総務省消防庁消防大学校長

総務省消防庁消防大学校消防研究センター所長
Director of the National Research Institute of Fire
and Disaster

鈴　木　康　幸（すずき　やすゆき）

昭和37年1月31日生．千葉県出身．
東北大学工学部

昭和63年4月　自治省消防庁予防課　平成9年4月　自治省消防庁震災
対策指導室震災対策専門官 兼 課長補佐　平成11年4月　自治省消防庁防
災情報室課長補佐 兼 防災課長補佐　平成13年1月　総務省消防庁防
災情報室課長補佐 併任 防災課課長補佐　平成13年4月　京都市消防局
予防部指導課担当課長　平成14年4月　京都市消防局予防部担当部長
平成14年10月　総務省消防庁予防課設備専門官 併任 予防課課長補佐
平成18年1月　総務省消防庁予防課設備専門官 併任 予防課理事官
平成19年4月　危険物保安技術協会業務企画部長
平成19年7月　総務省消防庁予防課特殊災害室長
平成22年4月　総務省消防庁予防課危険物保安室長
平成27年4月　総務省消防庁予防課長
令和元年7月　総務省消防庁審議官
令和2年7月　総務省消防庁消防大学校消防研究センター所長

資格　一級建築士

電気通信事業者等相談窓口における相談（令和4年度）

相　談　内　容		受　付　件　数※
①	卸電気通信役務の提供	7件
②	接続協定の細目	2件
③	無線局関係	1件
④	手続きの照会	1件
計		11件

※　同一案件に係る複数回の相談を含む。

消
防
庁

「電気通信紛争処理委員会年次報告（令和4年度）」より

●資　　　料

～本省・外局～

総務省(統計局、政策統括官を除く)・消防庁
〒100－8926　東京都千代田区霞が関２－１－２
(中央合同庁舎第２号館)
代表番号　(03)5253－5111

総務省統計局、政策統括官(統計基準担当)
〒162－8668　東京都新宿区若松町19－１
代表　(03)5273－2020

総務省政策統括官(恩給担当)
〒162－8022　東京都新宿区若松町19－１
代表　03(3202)1111

消防大学校
〒182－8508　東京都調布市深大寺東町４－35－３
代表　0422(46)1711
(消防研究センター　代表　0422(44)8331)

〔大臣官房〕		
秘　　書　　課	(5253)	5069
総　　務　　課	(5253)	5085
管　　理　　室	(5253)	5181
会　　計　　課	(5253)	5124
厚 生 企 画 管 理 室	(5253)	5140
庁　舎　管　理　室	(5253)	5147
企　　画　　課	(5253)	5155
政 策 評 価 広 報 課	(5253)	5164
広　　報　　室	(5253)	5172
〔行政管理局〕		
企 画 調 整 課	(5253)	5307
調 査 法 制 課	(5253)	5353

〔行政評価局〕		
総　　務　　課	(5253)	5411
企　　画　　課	(5253)	5470
政 策 評 価 課	(5253)	5427
行 政 相 談 企 画 課	(5253)	5419
〔自治行政局〕		
行　　政　　課	(5253)	5509
住 民 制 度 課	(5253)	5517
外国人住民基本台帳室	(5253)	5397
デジタル基盤推進室	(5253)	5364
マイナンバー制度支援室	(5253)	5366
市　町　村　課	(5253)	5516
行 政 経 営 支 援 室	(5253)	5519

地 域 政 策 課	(5253)	5523
地域情報化企画室	(5253)	5525
マイナポイント施策推進室	(5253)	5585
地 域 自 立 応 援 課	(5253)	5391
地 域 振 興 室	(5253)	5533
人材力活性化・連携交流室	(5253)	5394
過 疎 対 策 室	(5253)	5536
国 際 室	(5253)	5527
公 務 員 課	(5253)	5542
女性活躍・人材活用推進室	(5253)	5546
応 援 派 遣 室	(5253)	5230
給 与 能 率 推 進 室	(5253)	5549
福 利 課	(5253)	5558
安 全 厚 生 推 進 室	(5253)	5560
選 挙 課	(5253)	5566
管 理 課	(5253)	5573
政 治 資 金 課	(5253)	5578
収 支 公 開 室	(5253)	5580
支 出 情 報 開 示 室	(5253)	5398
政 党 助 成 室	(5253)	5582
〔自治財政局〕		
財 政 課	(5253)	5612
調 整 課	(5253)	5618
交 付 税 課	(5253)	5623
地 方 債 課	(5253)	5628
公 営 企 業 課	(5253)	5634
公 営 企 業 経 営 室	(5253)	5638
準 公 営 企 業 課	(5253)	5642
財 務 調 査 課	(5253)	5647
〔自治税務局〕		
企 画 課	(5253)	5658
都 道 府 県 税 課	(5253)	5663

市 町 村 税 課	(5253)	5669
固 定 資 産 税 課	(5253)	5674
資 産 評 価 室	(5253)	5679
〔国際戦略局〕		
国 際 戦 略 課	(5253)	5957
技 術 政 策 課	(5253)	5724
研 究 推 進 室	(5253)	5730
通 信 規 格 課	(5253)	5763
標 準 化 戦 略 室	(5253)	5763
宇 宙 通 信 政 策 課	(5253)	5768
宇 宙 通 信 調 査 室	(5253)	5768
国 際 展 開 課	(5253)	5923
国 際 経 済 課	(5253)	5928
多 国 間 経 済 室	(5253)	5929
国 際 協 力 課	(5253)	5934
参 事 官 室	(5253)	5376
〔情報流通行政局〕		
総 務 課	(5253)	5709
情 報 通 信 政 策 課	(5253)	5482
情 報 通 信 経 済 室	(5253)	5720
総 合 通 信 管 理 室	(5253)	5432
情 報 流 通 振 興 課	(5253)	5748
情 報 活 用 支 援 室	(5253)	5685
情報流通適正化推進局	(5253)	5850
コ ン テ ン ツ 振 興 課 (情報通信作品振興課)	(5253)	5739
放送コンテンツ海外流通推進室	(5253)	5424
地 域 通 信 振 興 課	(5253)	5758
デ ジ タ ル 経 済 推 進 室	(5253)	5757
放 送 政 策 課	(5253)	5777
放 送 技 術 課	(5253)	5784
地 上 放 送 課	(5253)	5791

衛星・地域放送課	(5253)	5799
国際放送推進室	(5253)	5798
地域放送推進室	(5253)	5809
参 事 官 室	(5253)	5481
企 画 課	(5253)	5968
検 査 監 理 室	(5253)	5996
郵 便 課	(5253)	5975
国 際 企 画 室	(5253)	5972
貯 金 保 険 課	(5253)	5984
信 書 便 事 業 課	(5253)	5974

〔総合通信基盤局〕

総 務 課	(5253)	5825
事 業 政 策 課	(5253)	5835
料 金 サ ー ビ ス 課	(5253)	5842
デ ー タ 通 信 課	(5253)	5852
電気通信技術システム課	(5253)	5862
番 号 企 画 室	(5253)	5859
安全・信頼性対策室	(5253)	5858
消費者行政第一課	(5253)	5488
消費者行政第二課	(5253)	5847
電 波 政 策 課	(5253)	5873
国際周波数政策室	(5253)	5878
電波利用料企画室	(5253)	5880
基幹・衛星移動通信課	(5253)	5816
基 幹 通 信 室	(5253)	5886
重 要 無 線 室	(5253)	5888
移 動 通 信 課	(5253)	5893
電 波 環 境 課	(5253)	5905
監 視 管 理 室	(5253)	5911
電気通信消費者相談センター	(5253)	5900

〔サイバーセキュリティ統括官〕

サイバーセキュリティ統括官室	(5253)	5749

〔統計局〕

統 計 分 室	(5253)	5465
総 務 課	(5273)	1115
事業所情報管理課	(5273)	1149
統計利用推進課	(5273)	1023
統計情報システム管理官	(5273)	1134
調 査 企 画 課	(5273)	1158
国 勢 統 計 課	(5273)	1151
経 済 統 計 課	(5273)	1165
消 費 統 計 課	(5273)	1171

〔政策統括官（統計制度担当）〕

統計企画管理官室	(5273)	1143
統 計 審 査 官 室	(5273)	1146
国際統計管理官室	(5273)	1145

〔政策統括官（恩給担当）〕

恩 給 管 理 官 室	(5273)	1306
恩 給 相 談 窓 口	(5273)	1400

〔事務局〕

行政不服審査会事務局	(5253)	5170
情報公開・個人情報保護審査会事務局	(5501)	1724
官民競争入札等監理委員会事務局	(5501)	1878
電気通信紛争処理委員会事務局	(5253)	5686

〔消防庁〕

総 務 課	(5253)	7521
消 防・救 急 課	(5253)	7522
救 急 企 画 室	(5253)	7529
予 防 課	(5253)	7523

消防技術政策室	(5253) 7541	国民保護室	(5253) 7550
危険物保安室	(5253) 7524	国民保護運用室	(5253) 7551
特殊災害室	(5253) 7528	防災情報室	(5253) 7526
防災課	(5253) 7525	応急対策室	(5253) 7527
参事官	(5253) 7507	広域応援室	(5253) 7569

～施設等機関～

(名　称)	(住所・ＴＥＬ)
自治大学校	〒190−8581　東京都立川市緑町10番地の1 042（540）4500
情報通信政策研究所	〒185−8795　東京都国分寺市泉町2−11−16 042（320）5800
統計研究研修所	〒185−0024　東京都国分寺市泉町2−11−16 042（320）5870
日本学術会議事務局	〒106−8555　東京都港区六本木7−22−34 03（3403）3793

～所轄機関～

(名　称)	(住所・ＴＥＬ)

〔地方管区行政評価局〕

北海道管区行政評価局	〒060−0808　北海道札幌市北区北8条西2丁目 （札幌第1合同庁舎） 011（709）2311
東北管区行政評価局	〒980−0014　宮城県仙台市青葉区本町 3−2−23（仙台第2合同庁舎） 022（262）7831
関東管区行政評価局	〒330−9717　埼玉県さいたま市中央区新都心 1−1 （さいたま新都心合同庁舎1号館） 048（600）2300

中部管区行政評価局　〒460－0001　愛知県名古屋市中区三の丸
　　　　　　　　　　　　　　　　　　　２－５－１
　　　　　　　　　　　　　　　　　（名古屋合同庁舎第２号館）
　　　　　　　　　　　　　　052（972）7411

近畿管区行政評価局　〒540－8533　大阪府大阪市中央区大手前
　　　　　　　　　　　　　　　　　　　３－１－41
　　　　　　　　　　　　　　　　　（大手前合同庁舎）
　　　　　　　　　　　　　　06（6941）3431

中国四国管区行政評価局　〒730－0012　広島県広島市中区上八丁掘６－30
　　　　　　　　　　　　　　　　　（広島合同庁舎第４号館）
　　　　　　　　　　　　　　082（228）6171

四国行政評価支局　〒760－0019　香川県高松市サンポート３番33号
　　　　　　　　　　　　　　　　　（高松サンポート合同庁舎南館）
　　　　　　　　　　　　　　087（826）0671

九州管区行政評価局　〒812－0013　福岡県福岡市博多区博多駅東
　　　　　　　　　　　　２－11－１　　（福岡合同庁舎）
　　　　　　　　　　　　　　092（431）7081

沖縄行政評価事務所　〒900－0006　沖縄県那覇市おもろまち
　　　　　　　　　　　　　　　　　　　２－１－１
　　　　　　　　　　　　　　　　　（那覇第２地方合同庁舎１号館）
　　　　　　　　　　　　　　098（866）0145

〔地方総合通信局〕
北海道総合通信局　〒060－8795　北海道札幌市北区北８条西２丁目
　　　　　　　　　　　　　１－１　（札幌第１合同庁舎）
　　　　　　　　　　　　　　011（709）2311

東北総合通信局　〒980－8795　宮城県仙台市青葉区本町
　　　　　　　　　　　　３－２－23　仙台第２合同庁舎
　　　　　　　　　　　　　　022（221）0604

関東総合通信局　〒102－8795　東京都千代田区九段南１－２－１
　　　　　　　　　　　　　　九段第３合同庁舎
　　　　　　　　　　　　　　03（6238）1600

信 越 総 合 通 信 局　〒380－8795　長野県長野市旭町1108
長野第1合同庁舎
026（234）9963

北 陸 総 合 通 信 局　〒920－8795　石川県金沢市広坂2－2－60
金沢広坂合同庁舎
076（233）4412

東 海 総 合 通 信 局　〒461－8795　愛知県名古屋市東区白壁
1－15－1
（名古屋合同庁舎第3号館）
052（971）9105

近 畿 総 合 通 信 局　〒540－8795　大阪府大阪市中央区大手前
1－5－44
（大阪合同庁舎第1号館）
06（6942）8505

中 国 総 合 通 信 局　〒730－8795　広島県広島市中区東白島町19－36
082（222）3303

四 国 総 合 通 信 局　〒790－8795　愛媛県松山市味酒町2丁目14－4
089（936）5010

九 州 総 合 通 信 局　〒860－8795　熊本県熊本市西区春日2－10－1
096（326）7819

沖縄総合通信事務所　〒900－8795　沖縄県那覇市旭町1－9
カフーナ旭橋B街区5階
098（865）2300

総務省常設審議会

名　　　称	(庶務担当部局課・TEL・会長名)
地 方 財 政 審 議 会	自治財政局財政課
	03 (5253) 5612
会　　　長	小西　砂千夫
行 政 不 服 審 査 会	行政不服審査会事務局
	03 (5253) 5170
会　　　長	原　優
情報公開・個人情報保護審査会	情報公開・個人情報保護審査会事務局
	03 (5501) 1724
会　　　長	小林　昭彦
官民競争入札等監理委員会	官民競争入札等監理委員会事務局
	03 (5501) 1878
委　員　長	浅羽　隆史
独立行政法人評価制度委員会	行政管理局独立行政法人評価担当
	03 (5253) 5445
委　員　長	澤田　道隆
国地方係争処理委員会	自治行政局行政課
	03 (5253) 5509
委　員　長	菊池　洋一
電気通信紛争処理委員会	電気通信紛争処理委員会事務局
	03 (5253) 5686
委　員　長	田村　幸一
電 波 監 理 審 議 会	総合通信基盤局総務課
	03 (5253) 5825
会　　　長	笹瀬　巌

統　計　委　員　会	統計委員会担当室
	03（5273）2134
委　　　員　　　長	椿　広計

情　報　通　信　審　議　会	情報流通行政局総務課総合通信管理室
	03（5253）5432
会　　　　　　　長	遠藤　信博

情報通信行政・郵政行政審議会	情報流通行政局総務課
	03（5253）5709
会　　　　　　　長	川濱　昇

国立研究開発法人審議会	国際戦略局技術政策課
	03（5253）5724
会　　　　　　　長	尾家　祐二

政治資金適正化委員会	政治資金適正化委員会事務局
	03（5253）5598
委　　　員　　　長	野々上　尚

政　策　評　価　審　議　会	行政評価局企画課
	03（5253）5470
委　　　員　　　長	岡　素之

恩　給　審　査　会	政策統括官（恩給担当）
	03（5273）1306
会　　　　　　　長	石黒　清子

消　防　審　議　会	消防庁総務課
	03（5253）7521
会　　　　　　　長	田中　淳

総務省歴代大臣・幹部一覧

氏　名	発令年月日	氏　名	発令年月日
〔大　臣〕		岡　本　　　保	22. 1. 15
片　山　虎之助	13. 1. 6	小笠原　倫　明	24. 9. 11
	(12. 12. 5〜)	岡　崎　浩　巳	25. 6. 28
麻　生　太　郎	15. 9. 22	大　石　利　雄	26. 7. 22
竹　中　平　蔵	17. 10. 31	桜　井　　　俊	27. 7. 31
菅　　　義　偉	18. 9. 26	佐　藤　文　俊	28. 6. 17
増　田　寛　也	19. 8. 27	安　田　　　充	29. 7. 11
鳩　山　邦　夫	20. 9. 24	鈴　木　茂　樹	元. 7. 5
佐　藤　　　勉	21. 6. 12	黒　田　武一郎	元. 12. 20
原　口　一　博	21. 9. 16	山　下　哲　夫	4. 6. 28
片　山　善　博	22. 9. 17	内　藤　尚　志	5. 7. 7
川　端　達　夫	23. 9. 2		
樽　床　伸　二	24. 10. 1	**〔総務審議官〕**	
新　藤　義　孝	24. 12. 26	天　野　定　功	13. 1. 6
高　市　早　苗	26. 9. 3	中　川　良　一	13. 1. 6
野　田　聖　子	29. 8. 3	濱　田　弘　二	13. 1. 6
石　田　真　敏	30. 10. 2	金　澤　　　薫	13. 7. 6
高　市　早　苗	元. 9. 11	月　尾　嘉　男	14. 1. 8
武　田　良　太	2. 9. 16	香　山　充　弘	14. 1. 8
金　子　恭　之	3. 10. 4	西　村　正　紀	14. 8. 2
寺　田　　　稔	4. 8. 10	松　井　　　浩	15. 1. 17
松　本　剛　明	4. 11. 21	鍋　倉　真　一	15. 1. 17
鈴　木　淳　司	5. 9. 13	久　山　慎　一	16. 1. 6
		高　原　耕　三	16. 1. 6
〔事務次官〕		畠　中　誠二郎	17. 1. 11
嶋　津　　　昭	13. 1. 6	堀　江　正　弘	17. 8. 15
金　澤　　　薫	14. 1. 8	平　井　正　夫	17. 8. 15
西　村　正　紀	15. 1. 17	有　冨　寛一郎	17. 8. 15
香　山　充　弘	16. 1. 16	瀧　野　欣　彌	18. 7. 21
林　　　省　吾	17. 8. 15	清　水　英　雄	18. 7. 21
松　田　隆　利	18. 7. 21	戸　谷　好　秀	19. 7. 6
瀧　野　欣　彌	19. 7. 6	鈴　木　康　雄	19. 7. 6
鈴　木　康　雄	21. 7. 14	森　　　　　清	19. 7. 6

158

氏　　名	発令年月日	氏　　名	発令年月日
寺﨑　　　明	20. 7. 4	畠中　誠二郎	14. 1. 8
福井　良次	21. 7. 14	瀧野　欣彌	15. 1. 17
岡本　　保	21. 7. 14	平井　正夫	16. 1. 6
小笠原　倫明	22. 1. 15	森　　　清	17. 8. 15
山川　鉄郎	22. 7. 27	荒木　慶司	18. 7. 21
村木　裕隆	23. 8. 26	田中　順一	19. 7. 6
田中　順一	24. 9. 11	大石　利雄	21. 7. 14
大石　利雄	24. 9. 11	田中　栄一	22. 1. 15
田中　栄一	24. 9. 11	吉良　裕臣	22. 7. 27
桜井　　俊	25. 6. 28	門山　泰明	24. 9. 11
吉崎　正弘	25. 6. 28	戸塚　　誠	25. 6. 28
戸塚　　誠	26. 7. 22	福岡　　徹	26. 7. 22
阪本　泰男	26. 7. 22	黒田　武一郎	27. 7. 31
笹島　誉行	27. 7. 31	山田　真貴子	28. 6. 17
佐藤　文俊	27. 7. 31	林﨑　　理	29. 7. 11
福岡　　徹	28. 6. 17	武田　博之	30. 8. 1
鈴木　茂樹	28. 6. 17	横田　真二	元. 7. 5
若生　俊彦	29. 7. 11	原　　邦彰	2. 7. 20
富永　昌彦	29. 7. 11	今川　拓郎	4. 6. 28
渡辺　克也	30. 7. 20	竹村　晃一	5. 7. 7
長屋　　聡	元. 7. 5		
黒田　武一郎	元. 7. 5	〔大臣官房総括審議官〕	
山田　真貴子	元. 7. 5	畠中　誠二郎	13. 1. 6
谷脇　康彦	2. 7. 20	林　　省吾	13. 1. 6
吉田　眞人	2. 7. 20	平井　正夫	14. 1. 8
山下　哲夫	3. 7. 1	板倉　敏一	14. 1. 8
竹内　芳明	3. 7. 1	伊藤　祐一郎	15. 1. 17
佐々木　祐二	3. 7. 1	衞藤　英達	15. 11. 4
内藤　尚志	4. 6. 28	大野　慎一	16. 2. 19
吉田　博史	4. 6. 28	荒木　慶司	16. 7. 2
堀江　宏之	5. 7. 7	熊谷　　敏	17. 8. 15
		久保　信保	18. 7. 21
〔大臣官房長〕		山川　鉄郎	18. 7. 21
團　宏明	13. 1. 6	岡崎　浩巳	19. 7. 10

氏　　名	発令年月日
桜　井　　　俊	19. 7. 10
田　中　栄　一	20. 7. 4
河　内　正　孝	20. 7. 4
福　井　武　弘	21. 7. 14
田　中　栄　一	21. 7. 14
大　石　利　雄	22. 1. 15
久保田　誠　之	22. 7. 27
吉　崎　正　弘	23. 8. 15
田　口　尚　文	24. 9. 11
福　岡　　　徹	24. 9. 11
佐々木　敦　朗	25. 7. 1
鈴　木　茂　樹	25. 6. 28
武　井　俊　幸	25. 6. 28
安　田　　　充	26. 7. 22
今　林　顯　一	26. 7. 22
稲　山　博　司	27. 7. 31
安　藤　友　裕	27. 7. 31
富　永　昌　彦	27. 7. 31
長　尾　　　聡	28. 6. 17
武　田　博　之	28. 6. 17
宮　地　　　毅	29. 7. 11
吉　田　真　人	29. 7. 11
安　藤　英　作	30. 7. 20
山　崎　俊　巳	30. 8. 1
奈　良　俊　哉	元. 7. 5
秋　本　芳　徳	元. 7. 5
前　田　一　浩	元. 8. 3
吉　田　博　史	2. 7. 20
竹　村　晃　一	2. 7. 20
山　野　　　謙	3. 7. 1
鈴　木　信　也	3. 7. 1
山　越　伸　子	4. 6. 28
海老原　　　諭	5. 7. 7
藤　野　　　克	5. 7. 7

氏　　名	発令年月日
湯　本　博　信	5. 7. 7
〔大臣官房技術総括審議官〕	
田　中　征　治	13. 1. 6
石　原　秀　昭	13. 7. 6
鬼　頭　達　男	15. 8. 5
松　本　正　夫	17. 8. 15
〔大臣官房地域力創造審議官〕	
椎　川　　　忍	20. 7. 4
門　山　泰　明	22. 7. 27
武　居　丈　二	24. 9. 11
関　　　博　之	25. 1. 23
原　田　淳　志	26. 7. 22
時　澤　　　忠	28. 6. 17
池　田　憲　治	29. 7. 11
佐々木　　　浩	30. 7. 20
境　　　　　勉	元. 7. 5
大　村　慎　一	2. 7. 20
馬　場　竹次郎	3. 7. 1
大　村　慎　一	4. 6. 28
山　越　伸　子	5. 7. 7
〔政策立案総括審議官〕	
横　田　信　孝	30. 7. 20
吉　開　正治郎	元. 7. 5
阪　本　克　彦	2. 7. 20
武　藤　真　郷	4. 8. 19
〔政策統括官〕	
西　村　正　紀	13. 1. 6
(併：内閣官房行政改革推進事務局長)	
高　原　耕　三 (情報通信担当)	
	13. 1. 6
清　水　英　雄 (情報通信担当)	

氏　　名	発令年月日
	15. 1. 17
稲 村 公 望 (情報通信担当)	
	13. 7. 6
大 野 慎 一	14. 4. 1
（電子政府・電子自治体等担当)	
藤 井 昭 夫	16. 1. 6
（電子政府・電子自治体担当)	
鈴 木 康 雄 (情報通信担当)	
	16. 1. 6
久布白　　寛	17. 1. 11
（電子政府・電子自治体等担当)	
清 水 英 雄 (情報通信担当)	
	17. 5. 17
寺 﨑　　明 (情報通信担当)	
	18. 8. 21
中 田　　睦 (情報通信担当)	
	19. 7. 6
戸 塚　　誠 (情報通信担当)	
	20. 7. 4
原　　正 之	21. 7. 14
佐 藤 文 俊 (情報通信担当)	
	23. 7. 15
阪 本 泰 男 (情報通信担当)	
	24. 9. 11
吉 田　　靖 (情報通信担当)	
	25. 6. 28
南　　後 行 (情報通信担当)	
	26. 7. 22
今 林 顯 一 (情報通信担当)	
	28. 6. 17
谷 脇 康 彦 (情報セキュリティ担当)	
	29. 7. 11

〔人事・恩給局長〕

氏　　名	発令年月日
大 坪 正 彦	13. 1. 6
久 山 慎 一	14. 1. 8
戸 谷 好 秀	16. 1. 6
藤 井 昭 夫	19. 7. 6
村 木 裕 隆	20. 7. 4
田 中 順 一	23. 8. 26
笹 島 誉 行	24. 9. 11
（26. 5. 30 廃止)	

〔行政管理局長〕

坂 野 泰 治	13. 1. 6
松 田 隆 利	14. 1. 8
畠 中 誠二郎	16. 7. 2
藤 井 昭 夫	17. 1. 11
石 田 直 裕	18. 7. 21
村 木 裕 隆	19. 7. 6
橋 口 典 央	20. 7. 4
戸 塚　　誠	21. 7. 14
若 生 俊 彦	25. 6. 28
上 村　　進	26. 4. 22
山 下 哲 夫	28. 6. 17
堀 江 宏 之	30. 7. 20
三 宅 俊 光	元. 7. 5
横 田 信 孝	2. 7. 20
白 岩　　俊	3. 7. 1
稲 山 文 男	4. 6. 28
松 本 敦 司	5. 7. 7

〔行政評価局長〕

塚 本 壽 雄	13. 1. 6
田 村 政 志	15. 1. 17
福 井 良 次	17. 8. 15
熊 谷　　敏	18. 7. 21
関　　有 一	19. 7. 6

161

氏　名	発令年月日	氏　名	発令年月日
田　中　順　一	21. 7. 14	久　保　信　保	19. 7. 6
新　井　英　男	23. 8. 26	椎　川　　　忍	22. 7. 27
宮　島　守　男	24. 9. 11	佐　藤　文　俊	24. 9. 11
渡　会　　　修	25. 6. 28	安　田　　　充	27. 7. 31
新　井　　　豊	27. 1. 16	黒　田　武一郎	28. 6. 17
讃　岐　　　建	28. 6. 17	林　崎　　　理	30. 8. 1
白　岩　　　俊	元. 7. 5	内　藤　尚　志	元. 7. 5
清　水　正　博	3. 7. 1	前　田　一　浩	3. 7. 1
菅　原　　　希	5. 7. 7	原　　　邦　彰	4. 6. 28
		大　沢　　　博	5. 7. 7

〔自治行政局長〕

氏　名	発令年月日	氏　名	発令年月日
芳　山　達　郎	13. 1. 6	〔自治税務局長〕	
畠　中　誠二郎	15. 1. 17	石　井　隆　一	13. 1. 6
武　智　健　二	16. 7. 2	瀧　野　欣　彌	14. 1. 8
髙　部　正　男	17. 8. 15	板　倉　敏　和	15. 1. 17
藤　井　昭　夫	18. 7. 21	小　室　裕　一	17. 8. 15
岡　本　　　保	19. 7. 6	河　野　　　栄	18. 7. 21
久　元　喜　造	20. 7. 4	岡　崎　浩　巳	21. 7. 14
望　月　達　史	24. 9. 11	株　丹　達　也	24. 9. 11
門　山　泰　明	25. 6. 28	米　田　耕一郎	25. 8. 2
佐々木　敦　朗	26. 7. 22	平　嶋　彰　英	26. 7. 22
渕　上　俊　則	27. 7. 31	青　木　信　之	27. 7. 31
安　田　　　充	28. 6. 17	林　崎　　　理	28. 6. 30
山　﨑　重　孝	29. 7. 13	内　藤　尚　志	29. 7. 11
北　崎　秀　一	30. 8. 1	開　出　英　之	元. 7. 5
髙　原　　　剛	元. 7. 5	稲　岡　伸　哉	2. 7. 20
吉　川　浩　民	3. 7. 1	川　窪　俊　広	4. 6. 28
山　野　　　謙	5. 7. 7	池　田　達　雄	5. 1. 20

〔自治財政局長〕

氏　名	発令年月日	氏　名	発令年月日
香　山　充　弘	13. 1. 6	〔情報通信国際戦略局長〕	
林　　　省　吾	14. 1. 8	小笠原　倫　明	20. 7. 4
瀧　野　欣　彌	16. 1. 6	利根川　　　一	22. 1. 15
岡　本　　　保	18. 7. 21	桜　井　　　俊	24. 9. 11
		阪　本　泰　男	25. 6. 28

氏　　名	発令年月日
鈴　木　茂　樹	26. 7. 22
山　田　真貴子	27. 7. 31
谷　脇　康　彦	28. 6. 17
（29. 9. 1　改組）	

〔国際戦略局長〕

今　林　顕　一	29. 7. 11
吉　田　眞　人	30. 7. 20
巻　口　英　司	元. 7. 5
田　原　康　生	3. 7. 1

〔情報流通行政局長〕

山　川　鉄　郎	20. 7. 4
田　中　栄　一	22. 7. 27
吉　崎　正　弘	24. 9. 11
福　岡　　　徹	25. 6. 28
安　藤　友　裕	26. 7. 22
今　林　顯　一	27. 7. 31
南　　　俊　行	28. 6. 17
山　田　真貴子	29. 7. 11
吉　田　真　人	元. 7. 5
秋　本　芳　徳	2. 7. 20
吉　田　博　史	3. 2. 20
小笠原　陽　一	4. 6. 28

〔情報通信政策局長〕

鍋　倉　眞　一	13. 1. 6
高　原　耕　三	13. 7. 6
武　智　健　二	16. 1. 6
堀　江　正　弘	16. 7. 2
竹　田　義　行	17. 8. 15
鈴　木　康　雄	18. 7. 21
小笠原　倫　明	19. 7. 6
（20. 7. 4　改組）	

〔総合通信基盤局長〕

金　澤　　　薫	13. 1. 6
鍋　倉　眞　一	13. 7. 6
有　冨　寛一郎	15. 1. 17
須　田　和　博	17. 8. 15
森　　　　　清	18. 7. 21
寺　﨑　　　明	19. 7. 6
桜　井　　　俊	20. 7. 4
吉　良　裕　臣	24. 9. 11
福　岡　　　徹	27. 7. 31
富　永　昌　彦	28. 6. 17
渡　辺　克　也	29. 7. 11
谷　脇　康　彦	30. 7. 20
竹　内　芳　明	2. 7. 20
二　宮　清　治	3. 7. 1
竹　村　晃　一	4. 6. 28
今　川　拓　郎	5. 7. 7

〔郵政企画管理局長〕

松　井　　　浩	13. 1. 6
團　　　宏　明	14. 1. 8
野　村　　　卓	15. 1. 17
（15. 3. 31　廃止）	

〔郵政行政局長〕

野　村　　　卓	15. 4. 1
清　水　英　雄	16. 1. 6
鈴　木　康　雄	17. 5. 17
須　田　和　博	18. 7. 21
橋　口　典　央	19. 7. 6
（20. 7. 4　改組）	

〔統計局長〕

氏　　名	発令年月日
久　山　慎　一	13．1．6
大　戸　隆　信	14．1．8
大　林　千　一	16．1．6
衞　藤　英　達	17．8．15
川　崎　　　茂	19．1．5
福　井　武　弘	23．8．15
須　江　雅　彦	24．9．11
井　波　哲　尚	26．7．22
會　田　雅　人	27．7．31
千　野　雅　人	29．7．11
佐　伯　修　司	元．7．5
井　上　　　卓	3．7．1
岩　佐　哲　也	5．7．7

〔政策統括官(統計基準担当)〕

氏　　名	発令年月日
久布白　　　寛	17．8．15
貝　沼　孝　二	19．7．6
中　田　　　睦	20．7．4
池　川　博　士	21．7．14
伊　藤　孝　雄	23．8．15
平　山　　　眞	24．9．11

〔政策統括官（統計基準、
　　　　　　　恩給担当)〕

氏　　名	発令年月日
平　山　　　眞	26．5．30
田　家　　　修	26．7．22
新　井　　　豊	28．6．17
三　宅　俊　光	29．7．11
吉　開　正治郎	2．7．20

〔政策統括官（統計制度、
　　　　　　　恩給担当)〕

氏　　名	発令年月日
吉　開　正治郎	3．7．1
阪　本　克　彦	4．8．19

氏　　名	発令年月日
北　原　　　久	5．7．7

〔公正取引委員会委員長〕

氏　　名	発令年月日
根　來　泰　周	8．8．28
竹　島　一　彦	14．7．31
（15．4．9　内閣府へ移行）	

〔公害等調整委員会委員長〕

氏　　名	発令年月日
川　嵜　義　徳	9．7．1
加　藤　和　夫	14．7．1
大　内　捷　司	19．7．1
富　越　和　厚	24．7．1
荒　井　　　勉	29．7．1
永　野　厚　郎	4．7．1

〔消防庁長官〕

氏　　名	発令年月日
中　川　浩　明	13．1．6
石　井　隆　一	14．1．8
林　　　省　吾	16．1．6
板　倉　敏　和	17．8．15
髙　部　正　男	18．7．21
荒　木　慶　司	19．7．6
岡　本　　　保	20．7．4
河　野　　　栄	21．7．14
久　保　信　保	22．7．27
岡　崎　浩　巳	24．9．11
大　石　利　雄	25．6．28
坂　本　森　男	26．7．22
佐々木　敦　朗	27．7．31
青　木　信　之	28．6．30
稲　山　博　司	29．7．11
黒　田　武一郎	30．7．20
林　崎　　　理	元．7．5
横　田　真　二	2．7．20

氏　　名	発令年月日	氏　　名	発令年月日
内　藤　尚　志	3．7．1		
前　田　一　浩	4．6．28	〔郵政事業庁長官〕	
原　　　邦　彰	5．7．7	足　立　盛二郎	13．1．6
		松　井　　　浩	14．1．8
〔郵政公社統括官〕		團　　　宏　明	15．1．17
野　村　　　卓	13．1．6	（15．3．31　廃止）	
（15．3．31　廃止）			

総務省組織概要図

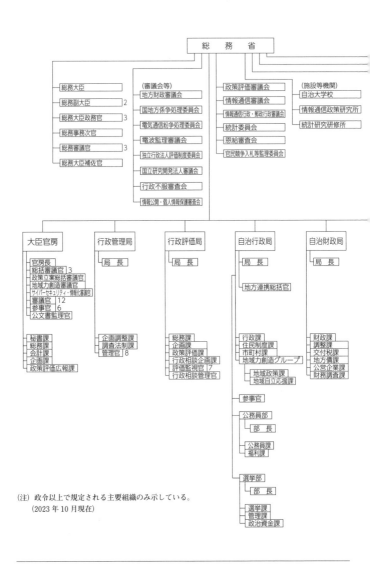

総　務　省

総務大臣
総務副大臣　2
総務大臣政務官　3
総務事務次官
総務審議官　3
総務大臣補佐官

（審議会等）
地方財政審議会
国地方係争処理委員会
電気通信紛争処理委員会
電波監理審議会
独立行政法人評価制度委員会
国立研究開発法人審議会
行政不服審査会
情報公開・個人情報保護審査会

政策評価審議会
情報通信審議会
情報通信行政・郵政行政審議会
統計委員会
恩給審査会
官民競争入札等監理委員会

（施設等機関）
自治大学校
情報通信政策研究所
統計研究研修所

大臣官房
官房長
総括審議官　3
政策立案総括審議官
地域力創造審議官
サイバーセキュリティ・情報化審議官
審議官　12
参事官　6
公文書監理官

秘書課
総務課
会計課
企画課
政策評価広報課

行政管理局
局　長

企画調整課
調査法制課
管理官　8

行政評価局
局　長

総務課
企画課
政策評価課
行政相談企画課
評価監視官　7
行政相談管理官

自治行政局
局　長

地方連携総括官

行政課
住民制度課
市町村課
地域力創造グループ
地域政策課
地域自立応援課

参事官

公務員部
部　長

公務員課
福利課

選挙部
部　長

選挙課
管理課
政治資金課

自治財政局
局　長

財政課
調整課
交付税課
地方債課
公営企業課
財務調査課

(注) 政令以上で規定される主要組織のみ示している。
　　 (2023 年 10 月現在)

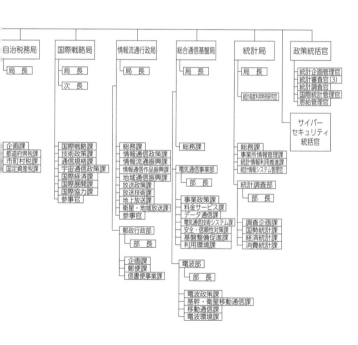

■組織概要図

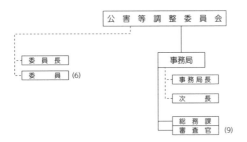

```
              公 害 等 調 整 委 員 会
    ┌─────────────────┬──────────────
  ┌─委 員 長          事 務 局
  └─委   員 (6)      ┌─事 務 局 長
                     ├·次   長
                     ├─総 務 課
                     └─審 査 官 (9)
```

(注) 政令職以上の主要組織のみを示しており、順不同である。

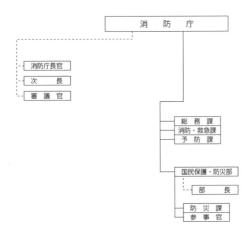

```
                    消 防 庁
    ┌──────────────────┬────────
  ┌─消防庁長官
  ├·次   長
  └·審 議 官
                          ├─総 務 課
                          ├─消防・救急課
                          ├─予 防 課
                          ├─国民保護・防災部
                          │  └·部   長
                          ├─防 災 課
                          └─参 事 官
```

(注1) 政令職以上の主要組織のみを示しており、順不同である。
(注2) 審議会等は除いている。

出身都道府県別幹部一覧

北海道

柏尾倫哉
行政評価局行政相談管理官

豊嶋基暢
大臣官房審議官（国際技術、サイバーセキュリティ担当）

畑山栄介
消防庁消防・救急課長

青森県

藤田和重
信越総合通信局長

岩手県

菅原　希
行政評価局長

大沢　博
自治財政局長

宮城県

中沢淳一
東北総合通信局長

越後和徳
沖縄総合通信事務所長

秋田県

佐藤紀明
大臣官房審議官（統計局、統計制度、統計情報戦略推進、恩給担当）

村上　聡
電波監理審議会審理官

山形県

福田　勲
公害等調整委員会事務局総務課長

福島県

渡邉浩之
行政評価局総務課長

茨城県

菊地健太郎
大臣官房総務課長

柴沼雄一朗
行政不服審査会事務局総務課長

菱沼宏之
近畿総合通信局長

栃木県

植山克郎
大臣官房審議官（行政評価局担当）併任 情報公開・個人情報保護審査会事務局長

群馬県

赤岩弘智
自治財政局交付税課長

砂山　裕
関東管区行政評価局長

埼玉県

島田勝則
大臣官房参事官 併任 企画課政策室長

辻　恭介
行政管理局管理官（厚生労働・宮内・こども家庭）

田中聖也
自治行政局行政課長

市川靖之
自治税務局都道府県税課長

渋谷闘志彦
総合通信基盤局総務課長

169

飯 村 博 之
　総合通信基盤局電気通信事業部事業政
　策課長

千葉県

湯 本 博 信
　大臣官房総括審議官（情報通信担当）

山 口 最 丈
　自治税務局企画課長

田 原 康 生
　国際戦略局長

田 邊 光 男
　情報流通行政局情報流通振興課長

堀 内 隆 広
　総合通信基盤局電気通信事業部基盤整
　備促進課長

小 松 聖
　統計局統計調査部調査企画課長

中 村 英 昭
　統計局統計調査部国勢統計課長

鈴 木 康 幸
　消防庁消防大学校消防研究センター所
　長

東京都

吉 田 博 史
　総務審議官（国際）

赤 阪 晋 介
　大臣官房会計課長 併：予算執行調査
　室長

津 村 晃
　行政管理局調査法制課長

越 尾 淳
　行政管理局管理官（内閣（復興庁を除
　く）・内閣府本府・金融・総務・公調
　委・財務）

川 口 真友美
　行政管理局管理官（文部科学・農水・
　防衛・公取委・個人情報保護委員会）

原 嶋 清 次
　大臣官房審議官（行政評価局担当）

尾 原 淳 之
　行政評価局評価監視官（復興、国土交
　通担当）

山 越 伸 子
　大臣官房地域力創造審議官 併任 自治
　行政局地方連携総括官

原 昌 史
　自治行政局市町村課長

犬 丸 淳
　自治財政局財務調査課長

野 村 栄 悟
　国際戦略局次長

小笠原 陽 一
　情報流通行政局長

佐々木 明 彦
　情報流通行政局地域通信振興課長 併
　任 沖縄情報通信振興室長

荻 原 直 彦
　総合通信基盤局電波部長

廣 瀬 照 隆
　総合通信基盤局電波部基幹・衛星移動
　通信課長

小 川 裕 之
　総合通信基盤局電波部移動通信課長

永 島 勝 利
　統計局統計調査部長

北 原 久
　政策統括官（統計制度担当）（恩給担
　当）

小 川 久仁子
　サイバーセキュリティ統括官付参事官
　（総括担当）

林 弘 郷
　情報通信政策研究所長

栗 田 奈央子
　近畿管区行政評価局長

高 地 圭 輔
　関東総合通信局長

塩 崎 充 博
　九州総合通信局長

五 味 裕 一
　消防庁次長

神奈川県

柴 山 佳 徳
　大臣官房参事官（秘書課担当）

玉 置 　 賢
　行政評価局評価監視官（法務、外務、
　経済産業等担当）

川 野 真 稔
　国際戦略局技術政策課長

扇 　 慎太郎
　国際戦略局宇宙通信政策課長

大 澤 　 健
　情報流通行政局情報流通振興課長

西 潟 暢 央
　総合通信基盤局電気通信事業部データ
　通信課長

中 村 裕 治
　総合通信基盤局電波部電波政策課長

谷 輪 浩 二
　情報公開・個人情報保護審査会事務局
　総務課長

荒 井 陽 一
　政治資金適正化委員会事務局長

原 　 邦 彰
　消防庁長官

渡 辺 剛 英
　消防庁予防課長

笹 野 　 健
　消防庁国民保護・防災部防災課長

新潟県

河 合 　 暁
　大臣官房審議官（大臣官房調整部門、
　行政管理局担当）併任 行政不服審査
　会事務局長

富山県

方 　 健 児
　行政評価局評価監視官（厚生労働等担
　当）

清 水 久 子
　行政評価局評価監視官（農林水産、防
　衛担当）

谷 道 正太郎
　行政評価局評価監視官（連携調査、環
　境等担当）

石川県

寺 村 行 生
　国際戦略局国際協力課長

飯 村 由香理
　情報流通行政局情報通信作品振興課長

植 松 良 和
　統計調整官（政策統括官付）併任 統
　計委員会担当室次長（政策統括官付）

福井県

西 野 博 之
　政治資金適正化委員会事務局参事官

山梨県

村 上 仰 志
　大臣官房広報室長

川 島 正 治
　自治行政局地域自立応援課長 併任 内
　閣府地方創生推進事務局参事官（地域
　再生担当）

長野県

内 藤 尚 志
　総務事務次官

渡 邉 洋 平
　行政評価局企画課長 併任 政策評価課長

岐阜県

水 野 敦 志
　自治税務局固定資産税課長

藤 井 信 英
　情報流通行政局郵政行政部信書便事業
　課長

竹 中 一 人
　北海道管区行政評価局長

静岡県

小 池 信 之
　自治行政局公務員部長

田 中 良 斉
　自治行政局公務員部福利課長

今 川 拓 郎
　総合通信基盤局長

愛知県

谷 口 謙 治
　行政管理局管理官（独法評価総括）

細 田 大 造
　自治行政局公務員部公務員課長

山 碕 良 志
　大臣官房審議官（情報流通行政局担
　当）

金 澤 直 樹
　情報流通行政局総務課長 併任 衛星・
　地域放送課長

宮 地 俊 明
　自治大学校長

青 山 忠 幸
　消防庁消防大学校長

三重県

髙 田 義 久
　中国四国管区行政評価局長

滋賀県

寺 田 雅 一
　自治税務局市町村税課長

大 塚 康 裕
　総合通信基盤局電気通信事業部安全・
　信頼性対策課長

田 口 幸 信
　四国総合通信局長

京都府

中 井 　 亨
　大臣官房秘書課長 命 人事管理官

鈴 木 　 清
　大臣官房審議官（税務担当）

井 幡 晃 三
　国際戦略局国際戦略課長

嶋 田 信 哉
　国際戦略局国際展開課長

内 山 昌 也
　統計審査官（政策統括官付）

酒 井 雅 之
　サイバーセキュリティ統括官付参事官
　（政策担当）

河 合 宏 一
　消防庁総務課長

小 谷 　 敦
　消防庁国民保護・防災部長

大阪府

風 早 正 毅
　大臣官房参事官（秘書課担当）

植 田 昌 也
　自治行政局住民制度課長

清 田 浩 史
　自治行政局選挙部選挙課長

中 井 幹 晴
　大臣官房審議官（公営企業担当）

池　田　達　雄
　自治税務局長

飯　倉　主　税
　情報流通行政局放送政策課長

木　村　公　彦
　総合通信基盤局電気通信事業部長

中　村　朋　浩
　総合通信基盤局電気通信事業部利用環
　境課長

井　上　　卓
　統計局統計高度利用特別研究官

磯　　寿　生
　九州管区行政評価局長

北　林　大　昌
　東海総合通信局長

兵庫県

竹　村　晃　一
　大臣官房長

松　本　敦　司
　行政管理局長

岡　本　剛　和
　国際戦略局国際経済課長

玉　田　康　人
　情報流通行政局郵政行政部長

三　島　由　佳
　情報流通行政局郵政行政部企画課長

山　内　智　生
　サイバーセキュリティ統括官

井　筒　宏　和
　中部管区行政評価局長

岡　田　輝　彦
　公害等調整委員会事務局次長

奈良県

加　藤　　剛
　大臣官房参事官 併任 総務課管理室長

辻　　寛　起
　統計局統計情報利用推進課長 併任 統
　計品質管理推進室参事官（政策統括官
　付）

鳥取県

三　橋　一　彦
　大臣官房審議官（地方行政・個人番号制
　度、地方公務員制度、選挙担当）

島根県

神　門　純　一
　自治財政局地方債課長

岡山県

山　路　栄　作
　国際戦略局参事官

山　形　成　彦
　統計審査官（政策統括官付）併任 統
　計品質管理推進室参事官（政策統括官
　付）

小　原　邦　彦
　公害等調整委員会事務局長

広島県

徳　満　純　一
　行政評価局行政相談企画課長

西　中　　隆
　自治行政局地域政策課長

上　田　　聖
　統計局総務課長 併任 事業所情報管理
　課長

菱　田　光　洋
　北陸総合通信局長

小　原　弘　嗣
　中国総合通信局長

173

山口県

末 永 洋 之
　自治財政局公営企業課長

廣 重 憲 嗣
　北海道総合通信局長

香川県

竹 内 芳 明
　総務審議官（郵政・通信）

大 西 一 禎
　行政管理局企画調整課長

岡 　 宏 記
　統計局統計調査部経済統計課長

愛媛県

新 田 一 郎
　自治財政局財政課長

高知県

澤 田 稔 一
　行政管理局業務改革特別研究官

佐賀県

鈴 木 建 一
　消防庁審議官

長崎県

須 﨑 和 馬
　大臣官房参事官 併任 行政管理局管理
　官（業務改革総括）

山 口 真 矢
　大臣官房政策評価広報課長 併任 政策
　立案支援室長

北 村 朋 生
　自治行政局選挙部管理課長

岩 佐 哲 也
　統計局長

柿 原 謙一郎
　恩給管理官（政策統括官付）併任 統
　計品質管理推進室参事官（政策統括官
　付）

熊本県

武 藤 真 郷
　大臣官房政策立案総括審議官 併任 公
　文書監理官

犬 童 周 作
　大臣官房サイバーセキュリティ・情報
　化審議官

阿 向 泰二郎
　大臣官房審議官（行政評価局担当）併
　任 財務省大臣官房審議官（大臣官房
　担当）

長谷川 　 孝
　自治行政局選挙部政治資金課長

田 村 彰 浩
　統計局統計調査部消費統計課長

重 里 佳 宏
　統計企画管理官（政策統括官付）併任
　統計品質管理推進室参事官（政策統括
　官付）

大分県

笠 置 隆 範
　自治行政局選挙部長

濱 田 厚 史
　大臣官房審議官（財政制度・財務担
　当）

井 上 　 淳
　総合通信基盤局電気通信事業部料金サ
　ービス課長

安 仲 陽 一
　四国行政評価支局長

宮崎県

山 野　　謙
　自治行政局長

鹿児島県

堀 江 宏 之
　総務審議官（行政制度）

海老原　　諭
　大臣官房総括審議官（地方ＤＸ推進、
　政策企画（副）担当）

沖縄県

仲 里　　均
　沖縄行政評価事務所長

人 名 索 引

総務省名鑑－2024年版

令和 5 年11月 4 日 初版発行　　定価(本体3,300円＋税)

編 著 者　　　　　　　　米 盛 康 正

発 行 所　　　　株式会社 時 評 社

郵 便 番 号　　　　　　100-0013
東京都千代田区霞が関 3 - 4 - 2
商工会館・弁理士会館ビル 6 F
電 話 (03)3580-6633
振 替 口 座 00100-2-23116

Ⓒ時評社 2023

印刷・製本 株式会社 太平印刷社　　落丁・乱丁本はお取り換えいたします

ISBN978-4-88339-313-8 C2300 ¥3300E